U0470346

辽阳市第一高级中学校本教材

体育

主编／杨振永　吴俊伟　付立明

球类

光明日报出版社

图书在版编目（CIP）数据

辽阳市第一高级中学校本教材：体育 球类 / 杨振永 吴俊伟 付立明主编.
—北京：光明日报出版社，2016.9
 ISBN 978-7-5194-1987-5

Ⅰ.①辽… Ⅱ.①杨… ②吴… ③付… Ⅲ.①体育课
—高中—教材②球类运动—高中—教材 Ⅳ.①G634

中国版本图书馆CIP数据核字（2016）第230026号

辽阳市第一高级中学校本教材：体育 球类

著　　者：杨振永　吴俊伟　付立明	
责任编辑：靳鹤琼	封面设计：北京言之凿文化
责任校对：傅泉泽	责任印制：曹　诤

出版发行：光明日报出版社
地　　址：北京市东城区珠市口东大街5号，100062
电　　话：010-67022197（咨询），67078870（发行），67019571（邮购）
传　　真：010-67078227，67078255
网　　址：http://book.gmw.cn
E-mail：gmcbs@gmw.cn　　caoy@gmw.cn
法律顾问：北京德恒律师事务所龚柳方律师

印　　刷：北京市华审彩色印刷厂
装　　订：北京市华审彩色印刷厂
本书如有破损、缺页、装订错误，请与本社联系调换

开　　本：787×1092　1/16	
字　　数：200千字	印　　张：12.5
版　　次：2016年10月第1版	印　　次：2018年6月第2次印刷
书　　号：ISBN 978-7-5194-1987-5	
定　　价：36.00	

版权所有　翻印必究

编 委 会

主　编：杨振永　吴俊伟　付立明

副主编：刁大鹏　王　锋　范昌明

　　　　　张俊峰

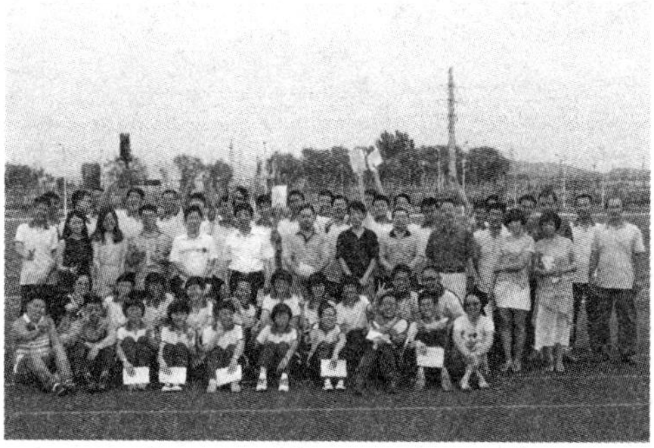
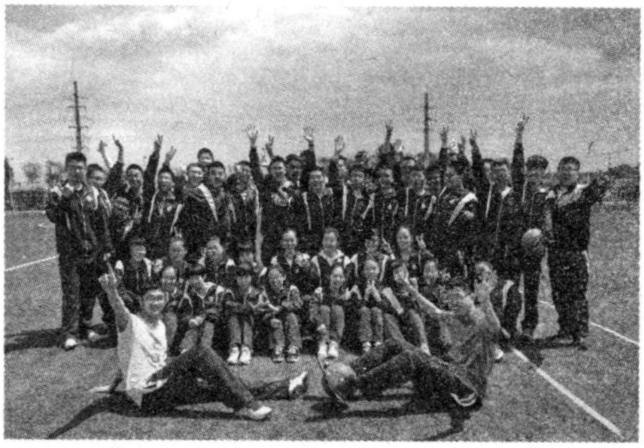
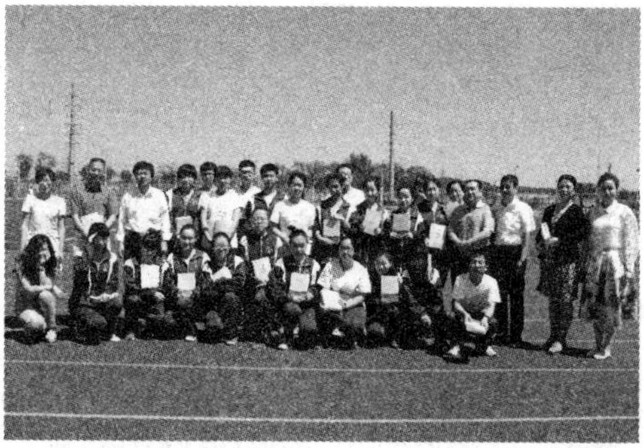
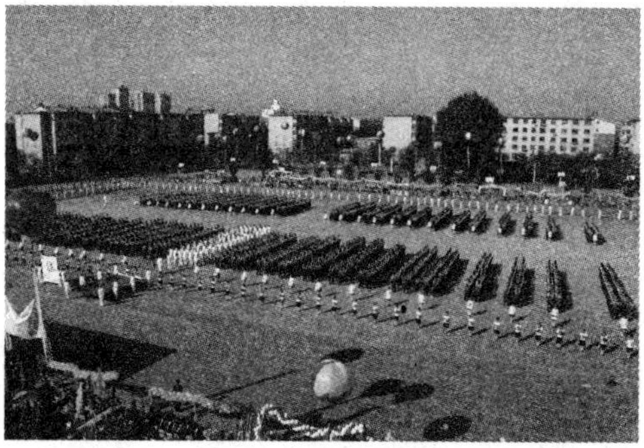
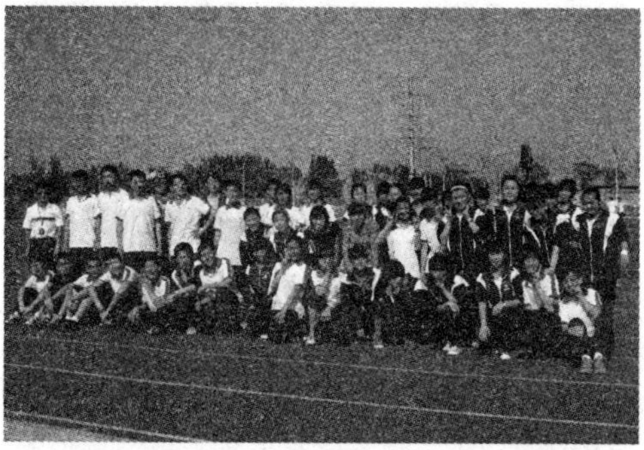
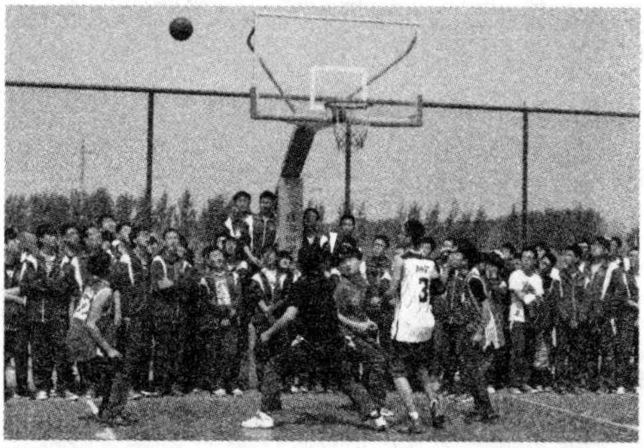
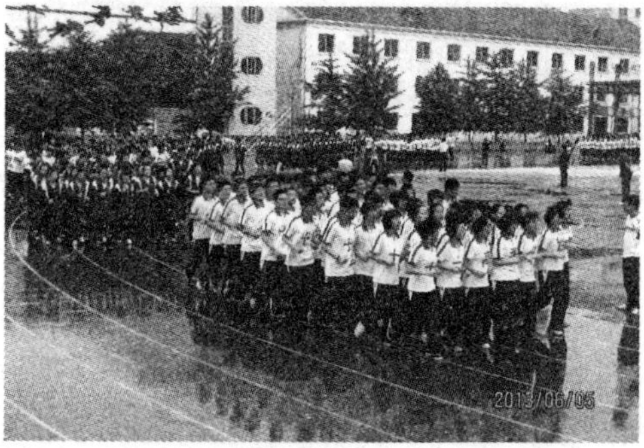
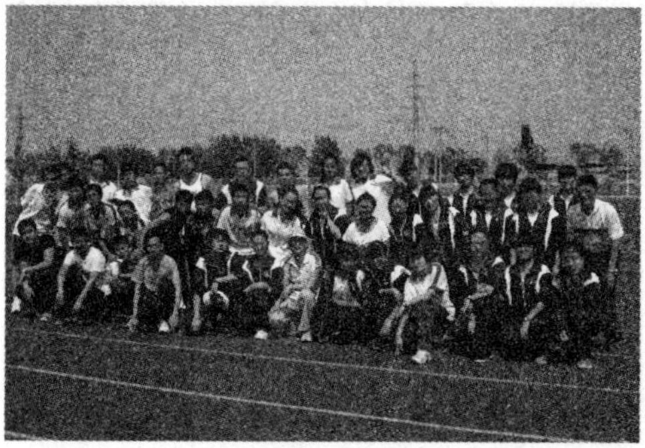

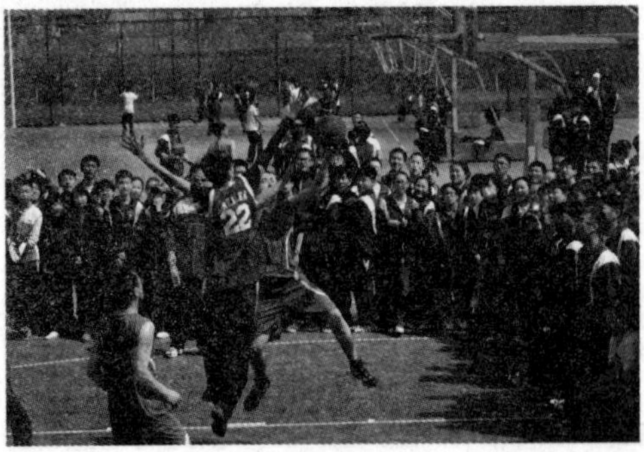
22

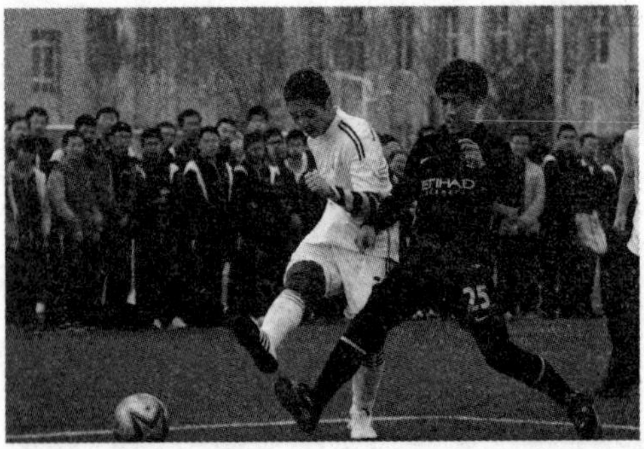
ETIHAD
25

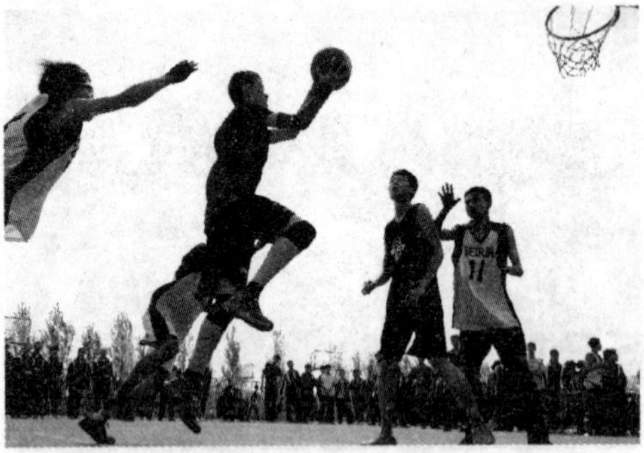

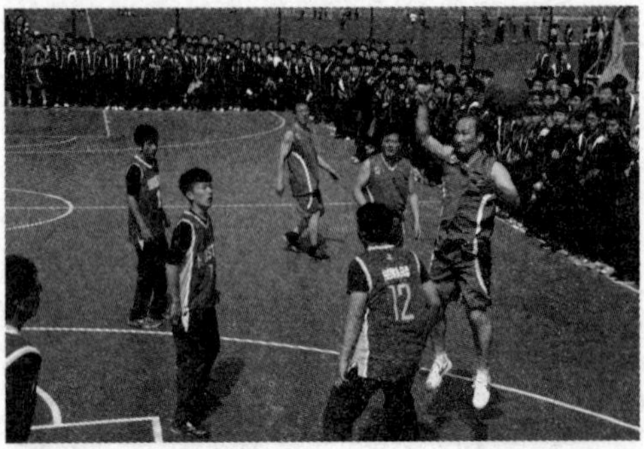
12

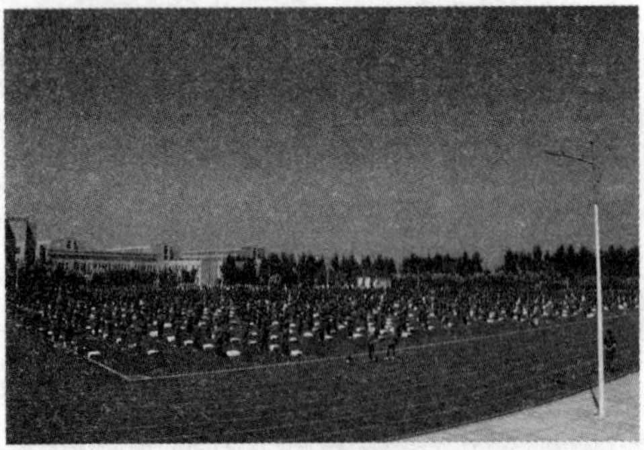

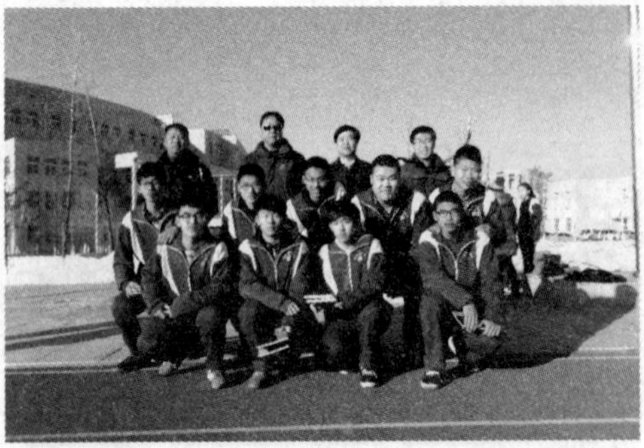

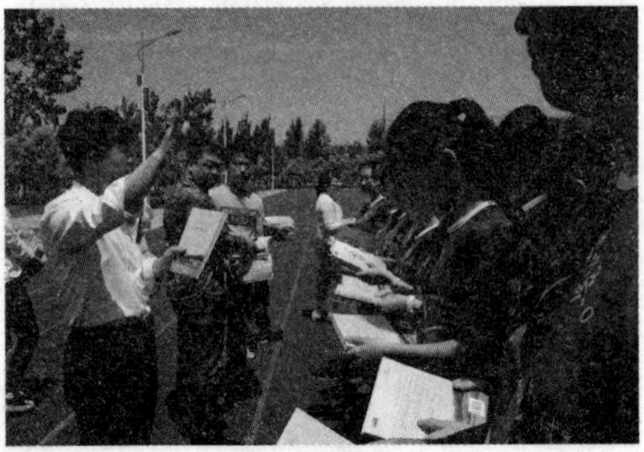

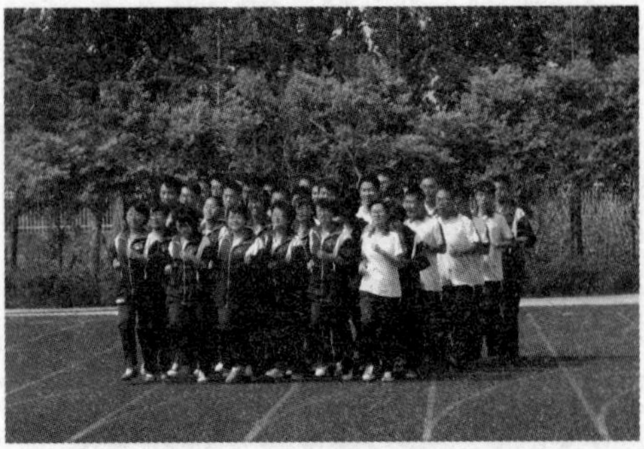

前 言
FOREWORD

　　辽阳市第一高级中学是一所具有较深厚的文化积淀、优秀的教育传统和鲜明的办学特色的重点中学。建校六十多年来，本着"常规管理常抓不懈，教育创新不拘一格"的原则，为辽阳地区的基础教育发展做出了突出的贡献，为国家输送了大批优秀的建设人才。学校先后被评为"全国先进单位""全国体育后备人才培养试点学校""全国学校体育工作示范校""全国青少年校园足球特色学校""辽宁省首批示范性高中""辽宁省军事体育特色学校""辽宁省首批思想道德示范学校""辽宁省文明单位""辽宁省模范学校""辽宁省先进集体""辽宁省首批科技教育示范学校""辽宁省国防教育示范校""辽宁省绿色学校"，实行全封闭式军事化管理的办学模式。校区总占地面积近十五万平方米，建筑面积近六万平方米，有两个含标准化室内篮球场的军事体育文艺中心、二十一个标准化室外篮球场，以及塑胶跑道和人造草皮足球场。特级教师三人，体育教师十二人。

　　辽阳市第一高级中学坚持"健康第一"的指导思想，加强军事体育教育，强健学生体魄，创建一流特色学校。我校根据《辽宁省教育厅办公室关于开展省示范性高中复检工作的通知》（辽教办发[2012]163号）文件和《辽宁省示范性普通高中评估细则》的规定："充分利用学校及社区资源开发校本课程，构建校本课程开发体系，做到课程、教材、师资三落实。创造条件开设丰富多彩的选修课，为学生提供更多的选择，促进学生全面而有个性的发展。"在省示范性高中复检领导、专家反馈发展建议中指出："开发校本课程，进一步培养领军人物，使校本教材在全省扩大影响力。"为此，我校把"高中体育专业化"

课程改革作为学校体育改革的突破口，着手编辑了这本《辽阳市第一高级中学校本教材：体育 球类》，旨在进一步提升学生的体育素养、自觉锻炼意识和自主健身能力，使学生进一步从"喜欢体育"到"喜欢体育课"，确实使学生在高中阶段掌握1～2项体育运动技术、技能，激发学生的运动兴趣，培养学生的终身体育意识。

经过多年的教学实践与探索，为便于学生在高中阶段完整地理解学习足球、篮球、排球、乒乓球、羽毛球知识技术技能，学校组织人员在较短时间内，编写了这套接近成熟的，涵盖足球、篮球、排球、乒乓球、羽毛球的校本教材，使学生学习足球、篮球、排球、乒乓球、羽毛球更具有科学性、实效性。由于编者都是我校的普通教师，教材内容难免存在缺点与不足，我们衷心希望读者能够提出宝贵意见和建议，以便我们更好地补充与完善；同时也敬请专家、学者批评指正！

本书照片均由丁璐璐老师提供，在此表示感谢！

我校将在编写《辽阳市第一高级中学校本教材：体育 球类》的基础上，陆续编写出版《国学》《一高·这边读好》《军事体育教育简明读本》《军事体育教育400问》《研究性学习与校本课程建设》等校本教材，为教师的"教"和学生的"学"提供更加广阔的选择发展空间，充分体现校有特色、师有特点、生有特长，不断开发具有文化底蕴、富有鲜明特色的校本课程；鼓励教师开发校本课程的积极性和创造性，激励教师著书立说，立功、立德、立言，不断促进教师的专业化成长，不断满足适合学生个性化学习的需要，向着"争一流、创名牌、出特色、育英才，办人民满意的示范性高中"扎实迈进！

辽阳市第一高级中学校本教材编委会
2015年10月

目 录
CONTENTS

足球

第一章　足球运动的起源和发展 \ 2
　　第一节　现代足球的起源和发展 \ 2
　　第二节　足球的历史 \ 3
　　第三节　足球经典赛事介绍 \ 4

第二章　足球运动的基本技术 \ 6
　　第一节　传接技术 \ 6
　　第二节　定位球技术 \ 9
　　第三节　停球技术 \ 13
　　第四节　运球技术 \ 17
　　第五节　头顶球技术 \ 18
　　第六节　突破与防守技术 \ 19

第三章　足球战术配合 \ 23
　　第一节　足球战术简介 \ 23
　　第二节　足球技战术配合 \ 24

第四章 足球运动的基本常识及规则 \ 28

第一节 足球守门员是什么时候开始可以用手的 \ 28

第二节 足球比赛中对运动员的服装有哪些要求 \ 28

第三节 足球场地为什么要铺草皮 \ 29

第四节 足球场地的其他要求 \ 30

第五节 一个足球运动员在一场比赛中要跑多长的距离 \ 31

第六节 足球裁判手势 \ 32

第七节 足球助理裁判员的旗示 \ 34

篮球

第一章 篮球运动概述 \ 38

第一节 篮球运动的概念 \ 38

第二节 篮球运动的起源与发展 \ 38

第三节 篮球组织机构 \ 39

第四节 篮球运动的教学功能 \ 40

第五节 高中篮球教学的目标 \ 40

第六节 场地规格 \ 41

第二章 篮球球性基本功练习方法 \ 43

第一节 球性与练习方法 \ 43

第二节 教学建议 \ 46

第三章　篮球教学内容与教法建议 \ 47
　　第一节　基本技术教学与教法建议 \ 47
　　第二节　技战术教学与教法建议 \ 58

第四章　篮球竞赛规则与裁判法 \ 63
　　第一节　篮球竞赛的主要规则 \ 63
　　第二节　篮球竞赛裁判法 \ 69
　　第三节　篮球竞赛的记录台工作 \ 73

第五章　篮球教与学的评价 \ 75

排球

第一章　排球运动概述、简介和特点 \ 80
　　第一节　运动起源 \ 80
　　第二节　规则发展 \ 81
　　第三节　排球简介与排球运动特点 \ 82

第二章　排球技术 \ 84
　　第一节　准备姿势和移动 \ 84
　　第二节　发球 \ 85
　　第三节　传球 \ 87

第四节 垫球 \ 90

第五节 扣球 \ 92

第六节 拦网 \ 94

第三章 规则介绍 \ 97

第一节 发球犯规 \ 97

第二节 击球时犯规 \ 98

第三节 队员拦网犯规 \ 98

第四节 进攻性犯规 \ 98

第五节 不良行为（分四类）\ 99

第四章 训练常识 \ 100

第五章 考核内容及评分标准 \ 101

乒乓球

第一章 乒乓球运动的起源与发展 \ 106

第一节 乒乓球运动的起源 \ 106

第二节 乒乓球运动的发展 \ 107

第三节 乒乓球运动对人体的锻炼价值 \ 110

第二章　乒乓球组织机构 \ 112

　　第一节　国际乒联 \ 112

　　第二节　亚乒联盟 \ 112

　　第三节　中国乒协 \ 113

第三章　乒乓球的国际大赛与国内主要赛事 \ 114

　　第一节　世界乒乓球锦标赛 \ 114

　　第二节　世界杯乒乓球比赛 \ 116

　　第三节　奥运会乒乓球比赛 \ 116

第四章　乒乓球器材 \ 117

　　第一节　球台 \ 117

　　第二节　球网装置 \ 118

　　第三节　球 \ 118

　　第四节　球拍 \ 118

第五章　乒乓球基本术语 \ 121

　　第一节　站位术语 \ 121

　　第二节　击球时间术语 \ 121

　　第三节　击球部位术语 \ 122

　　第四节　击球路线术语 \ 122

　　第五节　拍型角度术语 \ 122

第六章　乒乓球的基本站位和握拍方法 \ 123

　　第一节　基本站位 \ 123

　　第二节　基本握拍法 \ 124

第七章　步法 \ 126

第八章　单一技术 \ 128
　　第一节　发球、接发球 \ 128
　　第二节　搓球 \ 132
　　第三节　推挡技术 \ 134
　　第四节　攻球技术 \ 136

第九章　乒乓球各项素质的练习 \ 139
　　第一节　力量素质 \ 139
　　第二节　速度素质 \ 140
　　第三节　灵敏素质 \ 140
　　第四节　耐力素质 \ 141

第十章　评价标准及要求 \ 142

羽毛球

第一章　羽毛球运动常识 \ 146
　　第一节　羽毛球运动的起源与发展 \ 146
　　第二节　羽毛球运动的特点与价值 \ 151

第二章　羽毛球技术动作 \ 155

　　第一节　握拍（右手持拍为例）\ 155

　　第二节　发球与接发球动作要领（右手持拍为例）\ 156

　　第三节　羽毛球场上步法 \ 158

　　第四节　羽毛球后场正手击高远球 \ 160

　　第五节　羽毛球后场正手吊球 \ 160

　　第六节　正手平抽（快打）\ 161

　　第七节　放网前球 \ 161

　　第八节　网前挑球 \ 162

　　第九节　网前搓球 \ 163

第三章　羽毛球战术简介 \ 164

第四章　羽毛球规则和裁判法 \ 167

　　第一节　羽毛球场地与器材 \ 167

　　第二节　羽毛球比赛规则 \ 171

第五章　羽毛球测试内容 \ 178

足球

第一章

足球运动的起源和发展

第一节　现代足球的起源和发展

　　传说在11世纪，英格兰与丹麦之间有过一场战争，战争结束后，英国人在清理战争废墟时发现一个丹麦入侵者的头骨，出于愤恨，他们便用脚去踢这个头骨，一群小孩见了便也来踢，不过他们发现头骨踢起来脚痛，于是用牛膀胱吹气来代替它，这就是现代足球的起源。从8世纪到19世纪，现代足球运动的前身以各种方式在欧洲存在着，直到1863年，第一份正式的足球比赛规则在英国创立，这也标志着现代足球运动的诞生。

　　在中世纪的英国，足球已成为许多年轻人所热衷的一项活动。他们在狭窄的街道上追逐皮球，经常将皮球踢到街边人家的窗子上。于是英国国王不得不下令禁止踢足球。从12世纪到16世纪，英国国王先后四次发布过"足球禁令"。不过，由于足球运动的特殊魅力，禁令也未能使它夭折。

　　1835年，在英国谢菲尔德成立了世界上第一个足球俱乐部。1863年，在英国伦敦又成立了第一个足球协会。从此，有组织的、在一定规则约束下的足球运动开始从英国传遍欧洲，传遍世界。在19世纪末，足球运动在西欧国家已相当普及。在1896年第一届奥运会上，就将足球列为比赛项目之一，结果丹麦队以9∶0战胜希腊队，成为奥运会足球比赛的第一个冠军。

　　1904年，英国、法国、荷兰、比利时、西班牙、瑞典和瑞士七个国家的足球协会在法国成立了国际足球联合会，并推选法国人盖兰为第一任国际足联主席。从1908年开始，奥运会足球比赛由国际足联来组织。

第二节　足球的历史

　　中国古代把脚踢球叫"蹴鞠"。早在2000多年前的春秋战国时代，就有了蹴鞠游戏。公元前307年，也就是战国时期，赵武灵王改革，推行"胡服骑射"，赵国人学会了骑马射箭。赵王经常带着其亲信骑着马出城闲逛。一日，来到一树林，看到林中有野兔数只，国王金口一开，遂兵分四路，合而逮之。不想惊吓之中，野兔横冲直窜，从马群的缝隙中纷纷逃去，一无所获，众人摇头叹息。一谋士突然眼前一亮，上前献计道："大王，这种围堵很有趣，我们不妨用球代替兔子，不出宫门便可天天玩之。""好主意。"赵王大加赞赏，"这件事就交给你全权负责。"于是，足球运动便在中国诞生了。但当时还属于骑在马上运动，称之为"蹴鞠"。

　　到了汉代，有了专供比赛的足球场，称之为"鞠城"，鞠城长方形，两端各有6个鞠室，呈月洞形，互相对称，场地四周有围墙。唐代是蹴鞠活动的昌盛时期，这一时期，不仅蹴鞠有了很大发展，出现了用灌气的球代替了过去用毛发之物填充的球，称为"气毯"，并用球门代替了鞠室。而且足球运动开始对外出口，首先登陆的地方是英国。

　　蹴鞠本是作为一项完整的产品对外出口的，但由于当时交通不发达，交通工具十分落后，经过数月的长途跋涉，蹴鞠在到达英国时，马匹已经累死，只剩下一个球了。但就是这样一个球，英国仍视之为珍宝，限制为王室的专有活动，禁止民间享受这种娱乐活动。公元10世纪以后，法国、意大利、英国等一些国家有了足球游戏。到15世纪末有了"足球"之称，后逐渐发展成现代的足球运动。

　　12世纪初，英国开始有了足球赛。比赛是娱乐活动，一年两次，一般在两个城市之间举行。主持人把球往空中一抛，比赛就算开始，双方就会一拥而上，大叫大喊，又踢又抱，哪一方能将球踢进对方的闹市区，哪一方就算胜利。如果球中途窜入居民屋里，运动员也就一窝蜂地冲进去乱打乱踢，常常把屋里的东西砸得稀巴烂，房主只好自叹倒霉。路上行人碰到球滚来，就会遭受一场飞来的横祸。因此在当时，球赛一来，人们就得躲避灾难，关门闭户，一直到球赛结束，才恢复正常。这样的球赛遭到市民的强烈反对，英国政府便下了一道禁令：规定足球比赛要在空地上进行，进入闹市区者重罚，于是就出现了专门的足球场。1863年10月26日，在伦敦成立了世界上第一个足球运动组织——英格兰足球协会，并统一了规则，现代足球运动正式确立。

人们称这一天为现代足球的诞生日。这次制定的足球规则共14条，它是现今足球规则的基础。从1900年的第2届奥运会开始，足球被列为奥运会正式比赛项目，但它不允许职业运动员参加。1904年5月21日，国际足联在巴黎成立。1930年起，每4年举办一次世界足球锦标赛（又称世界杯足球赛），比赛取消了对职业运动员的限制。从此，现代足球运动日益发展。

第三节　足球经典赛事介绍

1. 世界杯足球赛简介

每4年一次的世界杯足球赛一直深深吸引着全世界的亿万球迷，那么它是怎样产生和发展的呢？1928年5月，为了适应现代足球运动发展的需要，国际足联在荷兰阿姆斯特丹召开了代表大会，与会者一致通过了举办世界杯足球锦标赛的决定。1930年，首届世界杯足球锦标赛在乌拉圭举行，以后每4年举办一次。

世界杯足球赛自1930年到现在已举办了20届，获得过冠军的国家仅有8个。它们分别是：巴西5次，德国4次，意大利4次，乌拉圭2次，阿根廷2次，英国1次，西班牙1次，法国1次。

2. 欧洲杯的创立

1954年，当时的欧洲首届足联秘书长亨利·德洛内，第一个倡议筹办欧洲杯赛。该杯赛从1960年开始，每4年举行一次，至今举办了10次，从第六届，即1979开始改用新赛制，决赛阶段赛集中在某国举行，东道主无须打预赛，直接进入八强。欧洲杯赛目前已是欧洲最著名的赛事之一，在欧洲有着非常巨大的影响，也是推动欧洲足球运动发展的一个重要赛事。

3. 奥运会足球

1900年，足球成为最早进入奥运会的几个项目之一。因此，2000年的悉尼奥运会庆祝了奥林匹克足球诞生100周年。女子足球在1996年进入奥运会，而且当时决赛创造了一项观看女子比赛人数最多的世界纪录，共有76000名观众到场观看。下图为足球比赛中的精彩瞬间。

图1-1　足球比赛精彩瞬间

第二章

足球运动的基本技术

第一节 传接技术

1. 脚内侧踢球

踢定位球时，直线助跑，支撑脚踏在球的侧后方15cm处，膝关节微屈，踢球腿以髋关节为轴向后向前摆动。在前摆过程中膝盖外转，踢球脚内侧与出球方向约成90°（见图2-1），脚尖稍翘起，小腿加速前摆，脚掌与地面平行，脚腕用力绷紧，用脚内侧部位踢球的后中部。如图2-2所示。

图2-1　脚内侧踢球

图2-2　脚内侧向前踢球

2. 脚内侧停地滚球

如图2-3所示，接地滚球时，支撑脚正对来球方向，膝稍屈。当触球时，接球脚向前下轻压，将球接于身前。来球力最大时，接球脚可稍后撤，以缓冲来球力量将球接在脚下。脚内侧切压停球的要领（见图2-4）：当球运行到支撑脚的侧后方或前侧方时，停球脚以脚内侧切压球的后上部，同时稍压膝。

图2-3　脚内侧停地滚球

图2-4　脚内侧切压停球

3. 脚内侧踢空中球

如图2-5所示，大腿在踢球前先抬起，小腿拖在后面，脚内侧对正出球方向，利用小腿的摆动平敲球的中部。如果踢出地球或高球，可踢球的中上部或中下部。图2-6为脚内侧踢空中球练习。

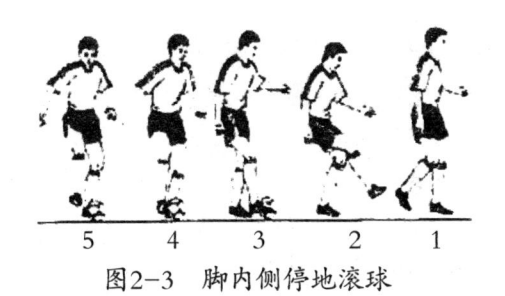

图2-5　脚内侧踢空中球

图2-6　脚内侧踢空中球练习

4. 脚内侧停空中球

根据来球的高度，将停球脚举起，脚内侧对准来球路线，脚与球接触的刹那开始后撤。在后撤过程中用脚内侧接触球，把球控制在衔接下一动作需要的位置上（见图2-7、图2-8）。脚内侧停反弹球时，支撑脚踏在球的落点的侧前方。膝关节弯曲，上体稍前倾并向停球脚方向微转，同时停球脚提起并放松，用脚内侧对准球的反弹路线。当球落地反弹刚离地时，用脚内侧触球的中上部。如图2-9所示。

7

图2-7　脚内侧停空中球

图2-8　脚内侧停空中球

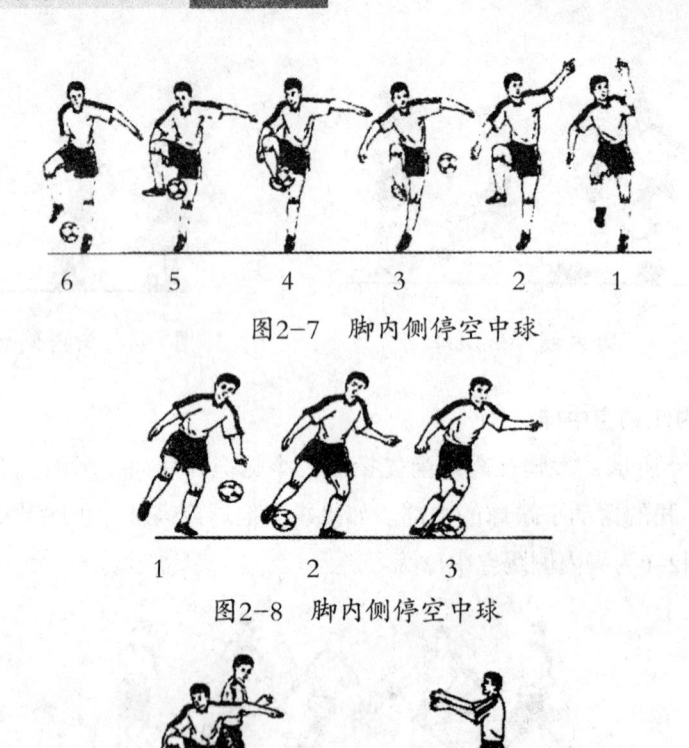

图2-9　脚内侧停反弹球

你知道吗？

◆ 最早的著名球星 ◆

　　宋代，踢球的艺人们组织了自己的团体，称为"圆社"，专门推广蹴鞠活动和比赛。北宋时期的高俅就出身于圆社，王明清的《挥尘后录》记载，高俅球技高超，因陪侍宋徽宗踢球，被提拔当了殿前都指挥使，这要算是最早的著名足球运动员之一了。

　　宋人刘邠的《中山诗话》则记载了另一个因踢球而扬名的人。秀才柳三复球技出众，他知道宰相丁谓喜欢踢球，为了升官，他天天等候在宰相府球场的围墙外。有一天终于等到球飞出了墙外，柳三复捡起球以还球为名进了相府，在拜见丁谓时，他把球抛在空中，一面跪拜，一面用头、肩膀、后背等部位巅球，球一直未落地，丁谓见此大悦，给了柳三复一个官职。

从春秋时期到元明时代，蹴鞠经历了发展到高潮的过程，但到了清代，这项活动却渐渐衰落。1863年，现代足球运动在英国诞生，揭开了足球发展的又一历史篇章。如图2-10所示，为现代足球比赛的精彩瞬间。

图2-10 现代足球运动

第二节　定位球技术

1. 脚背内侧踢定位球

沿着与球成45°角的斜线助跑，支撑脚踏在球的侧后方约两脚处，膝弯曲，以脚掌外侧着地支撑体重，上体稍向支撑脚一侧倾斜，踢球脚自然后摆。踢球时，以大腿带动小腿，呈弧形迅速前摆，脚稍向外转，脚面绷直，脚趾扣紧（见图2-11），脚尖斜指前下方，以脚背内侧触球的后中部。踢球后，腿随球摆出。如图2-12所示。图2-13为脚背内侧踢定位球练习。

图2-11 脚背内侧踢球

图2-12 脚背内侧踢定位球

图2-13 脚背内侧踢定位球练习

2. 脚背内侧踢弧线球

用脚背的内侧踢球的后外侧部位。摆腿的方向不通过球的中心。在踢球的一刹那，踝关节用力向里转并上翘，使球成侧旋向沿一定的弧线运行。如图2-14所示。图2-15为2015年欧洲杯足球联赛当时用脚背内侧踢出的弧线球。

图2-14 脚背内侧踢弧线球

图2-15 脚背内侧踢弧线球（2015年欧洲杯足球联赛）

3. 脚背正面踢球

直线助跑，支撑脚踏在与球平行和距球一脚左右的侧方，踢球的脚尖正对出球方向，膝稍屈（见图2-16）；同时踢球腿向后摆起，膝弯曲。踢球腿前摆时，要用大腿带动小腿。当大腿前摆至垂直地面位置时，小腿加速前摆。在脚触球的刹那，脚背绷直，并稍收腹，以正脚背部位触球的后中部。踢球后，身体要有随前动作，并跨出一两步。图2-17为脚背正面踢球练习。

图2-16　脚背正面踢球

图2-17　脚背正面踢球练习

当支撑脚在球后面过远时，为了控制出球的高度可用踢推来调整踢球动作。如图2-18所示。图2-19为脚背正面推踢球练习。

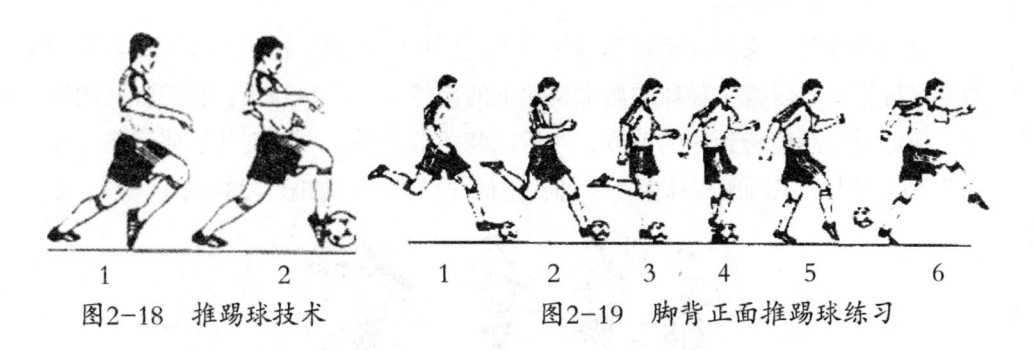

图2-18　推踢球技术

图2-19　脚背正面推踢球练习

4. 脚背外侧踢球

直线助跑，支撑脚踏在与球平行和距球一脚左右的侧方，踢球腿向后摆起，膝弯曲。踢球腿前摆时，要用大腿带动小腿。当大腿前摆至垂直地面位置时，小腿加速前提。用脚背外侧触球。在踢球的一刹那，脚背要绷直，脚趾用力下扣，脚尖内转，踢球的后中部。踢球后，身体要有随前动作，并跨出一两步。如图2-20所示。

图2-20　脚背外侧踢定位球

5. 脚背外侧踢弧线球

支撑脚踏在球侧15~20cm处，身体稍向支撑脚一侧倾斜，踢球脚的脚腕用力，并以脚背外侧踢球的侧后方，摆腿的方向不通过球心。踢球后，踢球腿向支撑腿一侧的前上方摆出，以加大球的旋转力量。如图2-21所示。

图2-21　脚背外侧踢弧线球

6. 脚尖和脚跟踢球

脚尖踢球时，支撑脚踏在球的侧后方。踢球时，脚尖翘起，踝关节紧张用力并保持稳定，以脚尖踢球的后中稍偏下的部位（见图2-22）。脚跟踢同侧球时，踢球腿自然前跨到球的前方，然后以膝关节为轴，小腿突然快速后摆，踝关节紧张用力，以脚跟踢球的前中部，把球向后踢出。如图2-23所示。

图2-22　脚尖踢球

足球

图2-23　脚跟踢同侧球

你知道吗？

◆·足球的材料及标准·◆

球是圆形的，以皮革或其他合适的材料制成。球体的圆周，不得超过70cm（28吋），不得少于68cm（27吋）。球的重量，在比赛开始时，不得超过450g（16盎司），不得少于410g（14盎司）。球的气压，在海平面为0.6至1.1大气压力（每平方厘米600g至1100g=每平方吋8.5磅至15.6磅）。更换不合标准的球：如果在比赛中，球破裂或不合标准，停止比赛。更换标准的球：在球破裂的地点，坠球重新开始比赛。如果当时球是在球门区内，则坠球的地点是在平行球门线的球门区线上，最接近比赛停止时球的位置的地点。如果不是在比赛中，如中场开球、球门球、角球、自由球、罚球点球或掷球入场时，球破裂或不合标准，依照规则重新开始比赛。比赛时间内，未经过裁判同意，不可更换比赛用球。

第三节　停球技术

1. 挺胸停球

身体正对来球，两脚前后开立，两膝弯曲，上体稍后仰。当球到头部前上方时，两臂自然向两侧张开。在球触及胸部时，要挺胸憋气，使球触胸后向前上方弹起，然后用头或用脚将球控制好。如图2-24所示。图2-25为挺胸停球练习。

13

图2-24 挺胸停球

图2-25 挺胸停球练习

2. 大腿和脚背停高球

大腿停高球时，面对来球，停球腿大腿抬起，以大腿中部对准下落的球，肌肉适当放松。大腿在与球接触的刹那迅速撤引，使球落于便于衔接下一个动作需要的位置上（见图2-26）。脚背停高球时，身体正对来球，接球腿屈膝提起，以脚背对准来球。当球与脚接触的一刹那，小腿和脚腕放松下撤，缓冲来球力量，使球落在身前。如图2-27所示。另外一种接法是：接球腿稍抬起，在球接近地面时，用正脚背触球，随球下撤落地。图2-28为脚背停高球练习。

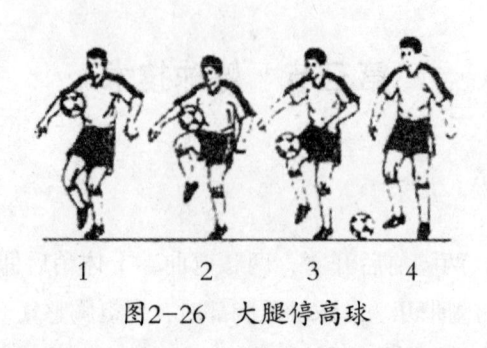

图2-26 大腿停高球

1　　2　　3　　4　　5　　6

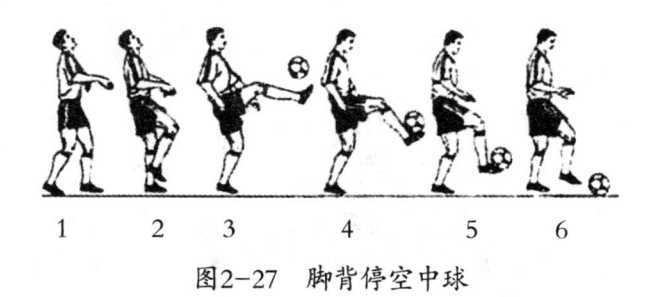

图2-27　脚背停空中球

图2-28　脚背停高球练习

3. 脚背外侧停地滚球

身体重心先放在支撑脚上，支撑腿稍屈，同时接球脚提起，膝稍屈，放在支撑脚的侧前方，脚背外侧对准来球的方向。接球脚触球时，轻轻下压，将球接于身前。如欲将球接向体侧时，脚尖和髋部外展，将球接于身旁。如图2-29所示。图2-30为脚背外侧停地滚球练习。

3　　2　　1

图2-29　脚背外侧停地滚球

15

图2-30 脚背外侧停地滚球练习

你知道吗？

◆· 足球场地为什么大多是南北向的 ·◆

　　大家在向着太阳走路时，若抬头远望前方，会感觉阳光耀眼，很不容易看清前方的景物。但如果你把手放在眼眉上边，遮住阳光，就能把远处的景物看清楚。由此可见，阳光若直接照射眼睛，对视觉能力是有一定影响的。

　　为了避免阳光直接照射运动员的眼睛，影响他们技术的发挥，当人们修建足球场时（田径场也是如此），总是尽可能地都按照南北方向设计，而避免设计东西方向的。这样，比赛或训练起来就很方便了。

第四节 运球技术

　　脚背内侧运球时，由于球和脚接触面积较大，因此容易控制，并便于做转变方向的曲线运球，也便于用身体掩护球。脚接触球的部位同脚弓踢球。如图2-31所示。运球时，支撑脚向前跨出一步，落在球的侧前方，膝稍屈，重心放在支撑脚上，同时上体向运球方向前倾，运球脚提起后用脚弓推拨球的后中部。脚背外侧运球对跑的速度影响较小，多见于直线快速运球。这种运球方法容易改变方向，隐蔽性强，便于传球或射门。脚触球的部位和外脚背踢球相同。如图2-32所示。运球时，上体要稍前倾，运球脚的脚尖和髋关节稍向里转，膝微屈，脚腕放松。在向前迈步将要落地前，用外脚背推拨球的后下部。图2-33为脚背内侧和脚背外侧运球绕竿练习。

图2-31　脚背内侧运球

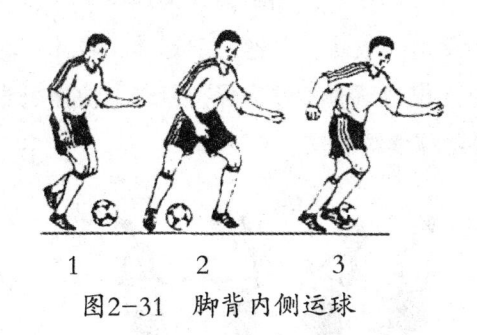

图2-32　脚背外侧运球

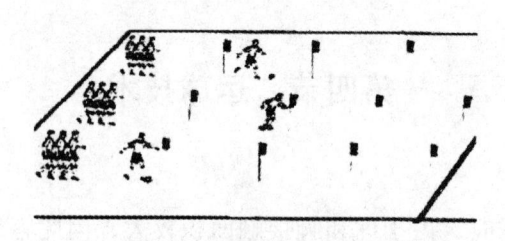

图2-33　脚背内侧和脚背外侧运球绕竿练习

第五节　头顶球技术

1. 原地前额正面顶球

如图2-34所示，身体正对来球，两脚前后开立，膝关节微屈，上体后仰，重心放在后脚上，两臂自然张开，两眼注视来球。当球运行到身体垂直部位前的一刹那，后脚用力蹬地，收腹，迅速向前屈体，身体重心由后脚移向前脚。当球运行到身体垂直部位顶球时，颈部保持紧张，快速甩头，用前额正面顶球的后中部。然后上体随球继续前摆。

图2-34前额正面顶球

2. 原地跳起头顶球

如图2-35所示，原地双脚起跳时，两腿先弯曲，重心下降。然后两脚用力蹬地跳起，同时两臂屈肘上摆。在起跳上升过程中，上体后仰成弓形，两臂自然张开，两眼注视来球。在跳到最高点准备顶球时，身体成反弓形。当球运行到身体的垂直部位前的刹那，收腹，上体快速前屈，甩头，用前额正面将球顶

18

出。顶球后，两腿同时自然屈膝、屈踝落地。图2-36为头顶球练习。有时也会跳起用额侧面顶球，如图2-37所示。

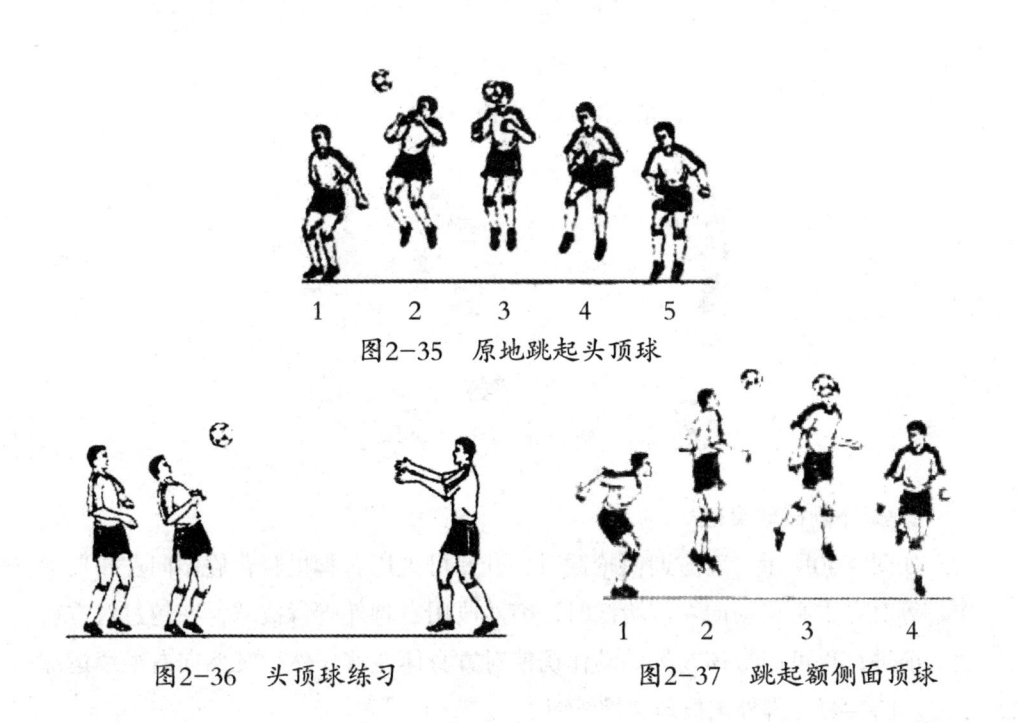

图2-35　原地跳起头顶球

图2-36　头顶球练习

图2-37　跳起额侧面顶球

第六节　突破与防守技术

1. 脚内侧扣球突破

脚内侧扣球突破（见图2-38）是运用转身和脚腕急转压扣的动作，以脚内侧或外侧部位触球，将球迅速停住或改变方向。用脚背内侧扣球的动作叫做"内扣"，用脚外侧扣球的动作叫做"外扣"。用扣球动作改变方向后，应突然加快扣拨球动作越过对手。图2-39为脚内侧扣球突破练习。

1　　　　2　　　　3　　　　4　　　　5

图2-38　脚内侧扣球突破

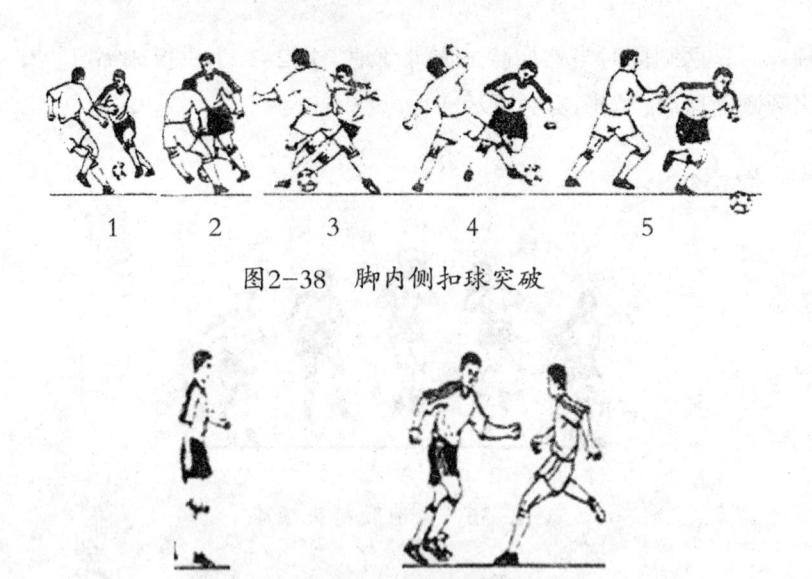

图2-39　脚内侧扣球突破练习

2. 脚外侧拨球突破

如图2-40所示，对方迎面抢截时，开始可先用右脚里脚背假做向左扣拨动作，等对方重心移动向左侧堵截时，突然改用右脚外脚背拨球，在越过对方后运球前进；也可用身体左晃的动作诱使对方身体左移，然后突然向右继续运球前进。图2-41为脚外侧拨球突破练习。

1　　　　2　　　　3　　　　4　　　　5

图2-40　脚外侧拨球突破

图2-41　脚外侧拨球突破练习

3. 假停突起摆脱防守

如图2-42所示，对方内侧面抢截时，先快速运球前进，诱使对方追赶。这时运球人可突然降低前进速度或脚在球上前后晃动，使对方也放慢速度。然后突然加快速度甩开对方。图2-43为假停突起合作练习。

图2-42 假停突起摆脱防守

图2-43 假停突起合作练习

4. 过球变方向摆脱防守

如图2-44所示，当对方在后面抢截时，运球人用左脚在球上方向右迈过，假做向右运球，身体也随之向右，吸引对力继续向右堵抢。然后运球脚以左脚背将向前滚动的球扣回到左方，把对方甩在身后。

图2-44 过球变方向摆脱防守

5. 侧面和正面抢截球

如图2-45所示，当与对手并肩跑动时，身体重心稍下降，同对方接触一

21

侧的臂要紧贴身体。当对方靠近自己一侧的脚离地时，用肘关节以上部位，合理地冲撞对方相应部位，使对方失去平衡而离开球，乘机将球控制过来。如图2-46所示，正面抢截球时，两脚前后开立，两腿微屈，降低身体重心，面对对手。当对手触球脚刚着地时，一脚用力蹬地，抢球脚以脚内侧正对球，并向球跨出一步，上体前倾，身体重心移到抢球脚上。另一脚立即前跨成支撑脚。如双方的脚同时触球，则要顺势向上提拉，使球从对方脚背滚过。身体要迅速跟上，把球控制住。

图2-45 侧面合理冲撞抢球

图2-46 正面抢截球

第三章

足球战术配合

第一节　足球战术简介

足球战术就是在比赛中为了战胜对手，根据主客观的实际所采取的个人和集体配合的手段的综合表现。比赛实践证明，熟练而巧妙地运用战术是夺取胜利的重要因素之一。

足球比赛是攻和守这对矛盾组成的，攻和守不断的变换组成了比赛的全过程。因此，足球战术可分为进攻战术和防守战术两大系统，其中又分别包含着个人战术和集体战术两类。比赛的实践已证明：成功地组织战术和巧妙地运用战术是夺取比赛胜利的重要因素。做到扬长避短才能克敌制胜。

足球战术的分类列表如下。

1. 进攻

（1）个人：传球、射门、运球、过人、接球、掷球、摆脱、跑位。

（2）局部配合：掩护配合、传切配合、二过一配合及三人配合等。

（3）全队：边路、中路、转移、反击等。

（4）定位球：开球、角球、球门球、任意球、掷界外球、罚球点球。

2. 阵型

四二四；四三三；四四二；三五二；五三二；一三三三等。

3. 防守

（1）个人：盯人、选位。

（2）局部配合：临近位置配合、保护、补位。

（3）全队：区域、盯人、混合。

（4）定位球：开球、角球、球门球、任意球、掷界外球、罚球点球。

第二节　足球技战术配合

一、局部配合

局部配合是指在局部地域2个或3个队员，通过传带球、跑位配合，突破1个或2个防守队员的方法。局部配合有二人进攻配合和三人进攻配合。

（一）二人局部进攻配合方法

1. 传切配合

（1）斜传直插配合：进攻队员做斜传，接球队员直接插到对方的身后空当接球，突破对方的防守。

（2）直传斜插配合：进攻队员直线传球，接球队员从对方防守队员的内线空当斜线插入到他身后空当接球。

要求：控球队员用运球或其他动作诱使防守者上前阻截，这就为传球创造了条件。插入的队员用突然快速起动动作接球。但要注意起动时间，避免越位。

2. 交叉掩护配合

比赛中经常采用的二人局部进攻配合有传切配合、掩护配合和二过一配合。局部二人配合是整体进攻战术的基础。不论在任何一个场区，任何两名同队队员（守门员除外）都可以采用。完成二人配合的能力强弱，直接反映球队的进攻战术的质量。而二人配合的质量与队员的技术水平及其配合的默契程度密切相关。

3. 踢墙式"二过一"配合方法

"二过一"配合是在局部地域，两名进攻队员通过两次传球越过一名防守队员的战术手段。踢墙式"二过一"，进攻队员带球向前逼近后向另一队员脚下传球，该队员接球后直接将球传至防守队员背后空当，接应队员快速切入接球。

（1）对控球队员的要求。

① 带球逼近防守队员至2~4m处传球。

② 最好传地滚球，力量要适度，球要到位。

③传球后立即快速切入，准备接球。

（2）对做墙队员的要求（即接应队员）。

① 控球同伴带球逼近防守队员时，做墙队员要突然向侧后方摆脱防守者，并侧对进攻方向，这样有利于传球、有利于观察和应变。

② 一次触球，力量适度。传球到位，尽量传地滚球。

③ 传球后立即跑位，寻找再次进攻的有利位置。

4. 回传反切"二过一"配合方法

反切队员回撤迎球，防守队员紧逼，反切队员接球后再回传给控球队员，立即返身切入防守队员身后空当接球。

要求：运用回传反切"二过一"时要有一定的纵深距离，特别是在罚球区前中间地区更要估计到守门员可能出来断截的情况。

（1）对控球队员的要求。

① 运球至与接球队员8~10m处传球。

② 向接球队员脚下传球，传球力量稍大。

③ 接到传球后立即将球传到防守队员身后空当。

（2）对反切队员的要求。

① 回撤接球要逼真，以引诱防守队员实施紧逼。

② 回传的球应向脚下传球，传球力量稍大。

③ 回传后迅速转身插向防守队员身后空当。

（二）三人进攻配合方法

三人进攻配合战术，一般是指在比赛中局部地域出现3名进攻队员攻击2名防守队员（三打二）的有利局面时，所采用的战术手段。它与二人配合比较，进攻面广，传球的点与路线一般有两个以上，所以战术变化比二人配合要多，对防守的威胁也较大。但由于其配合是由三人构成，其复杂和困难程度比二人配合要大，因而对队员的要求也相应高些。三人配合归纳起来大致可分下列两种。

1. 第二空当

一名队员跑向一个有利的空当，牵制一名防守队员，使在原地域出现空当，第二个队员迅速插向该空当与控球队员利用传切配合战胜另一防守队员。

2. 连续"二过一"

进行"三过二"配合时，应做到：

（1）3个队员基本是呈三角形队形的，当1名队员控球时，另外2名队员应一拉一插或一接一插，不能重叠插和接，在时间上要有先后。

（2）控球者在接传球前应注意观察，便于选择最有威胁的进攻配合。

二、定位球战术

定位球战术包括：任意球、角球、掷界外球、球门球和中圈开球，其中特别被世界足坛愈来愈重视的是角球和罚球区附近的任意球战术。这是因为比赛的结果常常以一个定位球决定比赛的胜负。有人统计40%左右的进球源于定位球位，因此必须重视定位球战术的训练。

1. 任意球攻守战术

一般说来战术配合简练，成功的可能性就会大些。能对对方构成较大威胁的是发生在罚球弧处的任意球，但是比赛的实际告诉我们这个地域的任意球机会较少，而罚球区两侧的任意球机会较多。为此，着重分析、叙述前场30m罚球区附近的任意球十分重要。

（1）直接射门。无论在场地中间还是两侧获得任意球的机会时，只要有可能射门，最好的办法就是直接射门，因为随着守队排墙人数的增加，直接射入对方球门变得更加困难，射手更需要掌握高超的踢弧线球的技术。同时攻队队员常采用在对方人墙的两侧或中间"夹塞"的办法，或者在罚球点自行排成人墙，以此在射门前阻挡守门员的视线，使其看不清罚球队员动作，而在射门时这些队员迅速让出空当，使射出的球通过空当。比如，9主罚，4、2分别排在人墙的侧面和中间。在9射门前，4起阻挡守门员视线的作用。射门时4和2迅速离开人墙，球从2离开的空隙中穿过，射至近角，使守门员难以防守。当然这种射门的难度是很高的。

（2）配合射门。在罚球区的侧角和两边，当不可能直接射门时，则应进行配合射门，经常采用的方式有短传配合和长传配合两种。但配合的传球次数宜少，宜简不宜繁。传球和射门配合要默契。为避开人墙要用声东击西等假动作分散对方注意力。

2. 角球攻守战术

角球的进攻战术：随着技术的提高和角球战术的发展，角球的威胁大增。角球进攻战术可分为短传角球和长传角球。

角球的防守战术：对方踢角球时，可由10~11人参加防守。由一队员离球8~9米，封堵和限制对方角球的有效落点。

3. 界外球攻守战术

足球比赛中掷界外球的次数很多，特别是在前场的界外球，它已接近角球对双方所产生的影响和效果。

（1）掷界外球进攻战术。

① 直接回传：由接球者直接或间接回传给掷球者，由掷球者组织进攻。

② 摆脱接球：用突然的变速变向摆脱防守，接应或插入接球，展开进攻。

③ 长传攻击：由擅长掷球的队员掷出长传球，由同伴在对方门前配合攻击是经常用的方法。如掷球给跑动中的同伴，同伴接球后用头顶后蹭传球，另两名队员配合同时包抄抢点攻门。

（2）界外球防守战术。

① 在掷球局部要紧逼，特别是有可能接球者，要死盯。

② 对比较危险的地域和有可能出现的空当要重点防守和保护。

③ 对手在前场掷球时，应采取相应的防守对策，派人在掷球者前面影响掷球的远度和准确性，对重点对象要盯紧，选择防守的有利位置。

4. 球门球攻守战术

（1）进攻方法。

① 长传和短传方式：直接将球踢出组织进攻。

② 通过守门员的后卫的配合，由守门员再发球进攻。

（2）球门球的防守。

① 对方大脚发球时要严密控制落点和紧逼盯人并做好保护。

② 本队进攻结束，对方踢球门球时，除前锋队员干扰对方配合，延缓进攻速度外，其他队员应回防到位。

5. 中圈开球攻守战术

（1）开球进攻战术。

① 组织推进：利用开球进行控制球、倒脚，寻找进攻机会。

② 长传突袭：比赛刚开始对方思想不集中，站位不好，出现明显空当时，宜用长传突袭，使对方措手不及。这种战术即使不能成功，也会给对方造成心理上的压力。

（2）开球防守战术。

主要是全队思想集中，选好位置，严防对方偷袭。当对方采用短传推进时，按防守原则行动，力争尽快地夺得控球权。

第四章

足球运动的基本常识及规则

第一节　足球守门员是什么时候开始可以用手的

人们爱用"披甲上阵"来形容足球运动员上场。这是因为他们身上的装备确实有点像我国古代勇士的铠甲：裹好护腿，套上长袜，穿上球鞋；有的守门员还要戴上护肘和护膝。但是你知道吗，在1863年以前没有一个守门员想过要戴手套。因为当时规定只准守门员用脚踢球，而不可以用手接球。既然如此，守门员戴手套上场就没有什么意义了。

守门员在球门内取得用手接球的权利是在1871年，又过了三十多年后，守门员的两只手在整个禁区内得到了"解放"。从此，守门员在整个罚球区内就可以手脚并用，大显身手，成为场上引人注目的角色了。

第二节　足球比赛中对运动员的服装有哪些要求

我们观看足球比赛时，当看到裁判员带领身穿不同颜色运动服的两队队员进入球场时，一定会感到很精神。同时两种颜色明显不同的服装也使人感到清晰舒畅。如果我们再仔细一看，就会发现两队排头的队长后面的队员又与其同伴及裁判员的衣服颜色不同，熟悉足球比赛的人一看便知道他是守门员。守门员为什么要穿颜色不同的服装呢？这是根据足球比赛规则的要求而定的。

由于足球比赛拥有场地大、人数多、争夺激烈和有"越位"规定等特点，因此裁判员要准确判断场上发生的情况，就必须要求双方运动员身穿不同颜色的上衣。同时，足球比赛规定守门员在本方罚球区内可用手触球，而且他在本方球门区内手中无球时受到一定的保护。罚球区附近往往又是争夺最激烈、最容易发生问题的地区，假使守门员服装的颜色与场上其他队员的一样，裁判员就很难准确、及时的判断是否手球犯规和谁应该受到保护。因此，要求守门员服装的颜色一定要明显区别于双方其他队员，而且还要区别于场上裁判员。

足球比赛中，除了有关服装颜色方面的要求外，还规定足球运动员上衣背后与短裤前面须有显著的同一号码。由于足球比赛有上述那些特点，为了便于裁判员看出每个队员的行动，就要求每个队员的上衣背后的号码制作的大一些。一般规定为号码高25cm，宽12cm，笔划宽3cm。这样就比篮球、排球队员的上衣背后的号码宽大的多了（篮球服装为号码高20cm，排球是高15cm，笔划宽均为2cm）。对短裤前号码的大小也有尺寸规定。这不但便于裁判员及时正确地看出谁犯规、谁踢进球等情况，同时也便于距离球场较远的看台上的观众看清楚每个队员的活动情况。

第三节　足球场地为什么要铺草皮

当我们坐在足球场的看台上，望着绿草如茵的球场，会感到非常舒适爽目。这是由于草地的绿色对阳光的反射比较弱，对我们的眼睛刺激不太大的缘故。就是在阴雨天看足球比赛，草地的色调也不会有多大的减弱，看上去，仍然令人感到足球场很清晰。有了绿色草地做背景，场上的运动员、裁判员和所有的设备都被绿草衬托的比较醒目，即使是连续观看几个小时的比赛，眼睛也不会感到太疲倦。

对于运动员来说，由于铺了一层草，场地更显得平坦、松软而富有弹性。这就为运动员更好地发挥技术提供了良好的条件。铺着草皮的场地还对运动员起着一定的保护作用。大家都知道足球运动员身体接触碰擦地面的机会比较多，如鱼跃顶球、倒地铲射和守门员扑接球等，都要与地面接触或摩擦。场地上铺了草皮就可使运动员免于或减少受伤。当然，倒地不受伤更主要的是靠运动员的倒地技巧。

另外，正式足球比赛的日期确定之后，是不轻易改动的，一般是风雨无阻。足球场上铺了草，遇到刮风不会尘土飞扬；遇到雨天也不会泥泞不堪；即使是下雪天，也便于雪水快速地渗入地面。

足球场上的草，不是一般的野草，而是专门培养的草皮。为了适应比赛的需要，场地管理人员要经常进行浇水、剪平、剔除杂草等保养工作。保养好一个草地球场，需要不少人进行大量的工作。近年来，有的国家的足球场用人造草皮代替天然的草皮，这样在保养和维护场地方面就更加方便了，但据反映在人造草皮上擦伤的伤口不易愈合，故人造草皮在世界上尚未被广泛采用，另外，国际足联也不支持采用人造草皮。

第四节　足球场地的其他要求

除了要铺草皮外，足球场地还有其他方面的要求。

1. 场地面积

比赛场地应为长方形，其长度不得多于120m或少于90m，宽度不得多于90m或少于45m（国际比赛的场地长度不得多于110m或少于100m，宽度不得多于75m或少于64m）。在任何情况下，长度必须超过宽度。

2. 画线

比赛场地应按照平面图画出清晰的线条。线宽不得超过12cm。较长的两条线叫边线，较短的两条线叫球门线。场地中间画一条横穿球场的线，叫中线。场地中央应当做一个明显的标记，并以此点为圆心，以9.15m为半径，画一个圆圈叫中圈。场地每个角上应各竖一根不低于1.50m高的平顶旗杆，上系小旗一面；相似的旗和旗杆可以各竖一面和一根在场地两侧正对中线的边线外至少1m处。

3. 球门区

在比赛场地两端距球门柱内侧5.50m处的球门线上，向场内各画一条长

5.50m与球门线垂直的线，一端与球门线相接，另一端画一条连接线与球门线平行，这三条线与球门线范围内的地区叫球门区。

4. 罚球区

在比赛场地两端距球门柱内侧16.50m处的球门线上，向场内各画一条长16.50m与球门线垂直的线，上端与球门线相接，另一端画一条连接线与球门线平行，这三条线与球门线范围内的地区叫罚球区。在两球门线中点垂直向场内量11m处各做一个清晰的标记，叫罚球点。以罚球点为圆心，以9.15m为半径，在罚球区外画一段弧线，叫罚球弧。

5. 角球区

以边线和球门线交叉点为圆点，以1m为半径，向场内各画一段四分之一的圆弧，这个弧内地区叫角球区。

6. 球门

球门应设在每条球门线的中央，由两根相距7.32m、与两面角旗点相等距离、直立门柱与一根下沿离地面2.44m的水平横木连接组成，为确保安全，无论是固定球门或可移动球门都必须稳定地固定在场地上。门柱及横木的宽度与厚度，均应对称相等，不得超过12cm。

球网附加在球门后面的门柱及横木和地上。球网应适当撑起，使守门员有充分活动的空间。

注：球网允许用大麻、黄麻或尼龙制成。尼龙绳可以用，但不得比大麻或黄麻绳细。

第五节 一个足球运动员在一场比赛中要跑多长的距离

足球比赛的主要特点是场地大，时间长，跑动多，速度快，争夺激烈，对抗性强，而且一般不受盛暑、严寒与风雨等自然条件的影响。因此，要求运动员在比赛中必须具有充沛的体力。据统计，一个足球运动员在一场纯比赛时间约为90分钟的比赛中平均只有2分钟左右时间在控球，其余大部分时间都是在做无球跑动，从这个意义上说，足球比赛也是速度和耐力等身体素质的比赛。所以，足球运动员的奔跑能力的强弱，是衡量一个球队水平高低的标志之一。

那么，一个足球运动员在一场比赛中要跑多长距离呢？根据比赛临场统计，目前我国优秀的前锋、前卫队员每场比赛平均跑动6000～7000m，其中包括快跑、冲刺跑1000m以上。个别优秀运动员的跑动距离可达到8000m，其中快跑、冲刺跑距离达到1500m。世界上一些优秀运动员的跑动距离甚至能达到12000m，其中快跑近二百次，距离近2000m。

从上述统计数字中可以看出，足球比赛对运动员的跑动能力的要求是很高的。因此，在足球训练中，必须十分重视队员速度和耐力的训练。

在足球比赛时，运动员一会儿突前进攻，一会儿退后防守，在满场飞跑中还经常做各种带球、停球、传球、射门和抢截等动作。据前文的统计数据，一个运动员在比赛中的绝大部分时间是在无球的跑位当中。从这里可以说明一个问题，在参加比赛时，每一个运动员都应该根据场上情况积极主动地进行跑动，充分发挥每个队员的主观能动性和创造能力，以达到全攻全守的目的，从而使全队的力量得到发挥。只有这样才能打出风格，打出水平。

第六节 足球裁判手势

足球裁判员所用的手势应力求简单、明了、示意确切，给人以直接、清晰的感觉。这些手势的运用，旨在使比赛顺利进行。手势的作用主要在于示意下一步比赛应如何进行，因此，对运动员的犯规动作，裁判员一般没有模仿的必要。

一个高水平的裁判员，其手势和其他举止须做到简练、朴实、舒展、大方，使人肃然起敬。凡借助于手势、哨声故作姿态，装模作样，显露自己，哗众取宠，不仅会冲淡比赛气氛，而且必然招来轻视，以致降低裁判员的威信。

经国际足联审定的裁判员的统一手势如下（见图4-1）。

（1）直接任意球：单臂侧平举，明确批示踢球方向。

（2）间接任意球：单臂上举，掌心向前。此手势应持续到球踢出后，并被场上其他队员触及或成死球时为止。

（3）球门球：单臂向前斜下举，指向执行球门球的球门区。

（4）角球：单臂斜上举，指向执行角球的角球区。

（5）罚球点球：单臂向前斜下举，明确指向执行罚球点球的罚球点。

（6）示意继续比赛：队员犯规后，裁判员运用有利条款而不判罚时，应以继续比赛的手势——双臂前举，手臂向前稍作连续挥动。

（7）罚令队员出场和进行警告：对队员罚令出场或警告时，分别出示红、黄牌。使用红、黄牌时，应一手持牌直臂上举，面向被处分队员，有短暂时间的停顿，使场内外均能看清是对哪名队员进行处分。

间接任意球

示意继续比赛

直接任意球

警告

罚令出场

图4-1 裁判员手势

第七节　足球助理裁判员的旗示

根据规则规定，助理裁判员无权直接令比赛进行或终止，也无权对运动员进行判处，他的旗示只是按规定的信号向裁判员提供情况，至于是否判处，应由裁判员决定。因此，助理裁判员虽举旗对裁判员示意，也不意味着比赛必然停止，若裁判员对助理裁判员的旗示做回答时，助理裁判员应适时收回旗示。

助理裁判员的旗示应便于裁判员的观察，因此，助理裁判员在沿边线往返跑动时，应习惯于灵活地换手持旗，使持旗的一臂朝向场内。无旗示时，旗应自然下垂，跑动时，持旗的一臂不应大幅度的摆动，以免造成裁判员的错觉。

经国际足联审定的统一旗示如下（见图4-2）。

1. 越位

助理裁判员如发现队员越位并已构成应判罚条件时，应站在与越位队员平行的边线外，及时将旗上举，向裁判员示意，当裁判员见到旗示鸣哨令比赛暂停后：若是助理裁判员远端的队员越位，助理裁判员应面对场内，将旗向前斜上举；若是中间队员越位，助理裁判员应面对场内，将旗前平举；若是助理裁判员近端的队员越位，助理裁判员应面对场内，将旗向前斜下举。

2. 界外球

助理裁判员应将旗侧斜上举，批示掷界外球方向。

3. 球门球

助理裁判员应面向场内，将旗前平举，指向执行球门球的球门区。

4. 角球

助理裁判员应将旗斜下举指向近端的角球区。

5. 替换队员

助理裁判员发现某队请示替换队员，应待比赛成死球时用双手将旗横举过头，向裁判员提示某队请示换人。

除了上述五种旗示外，经裁判员委托，助理裁判员亦可以旗示向裁判员提供协助，例如：

34

（1）若助理裁判员发现在自己附近范围内队员有犯规行为，而裁判员未察觉到时，助理裁判员可将旗上举并加摇晃动作。当裁判员见到旗示并令比赛暂停后，助理裁判员应将旗侧斜上举，指示踢任意球方向。

（2）若助理裁判员发现在自己附近的掷界外球或踢角球、球门球等有不符合规则情况时，应将旗上举并加摇晃动作，提示裁判员予以纠正或另作判处。

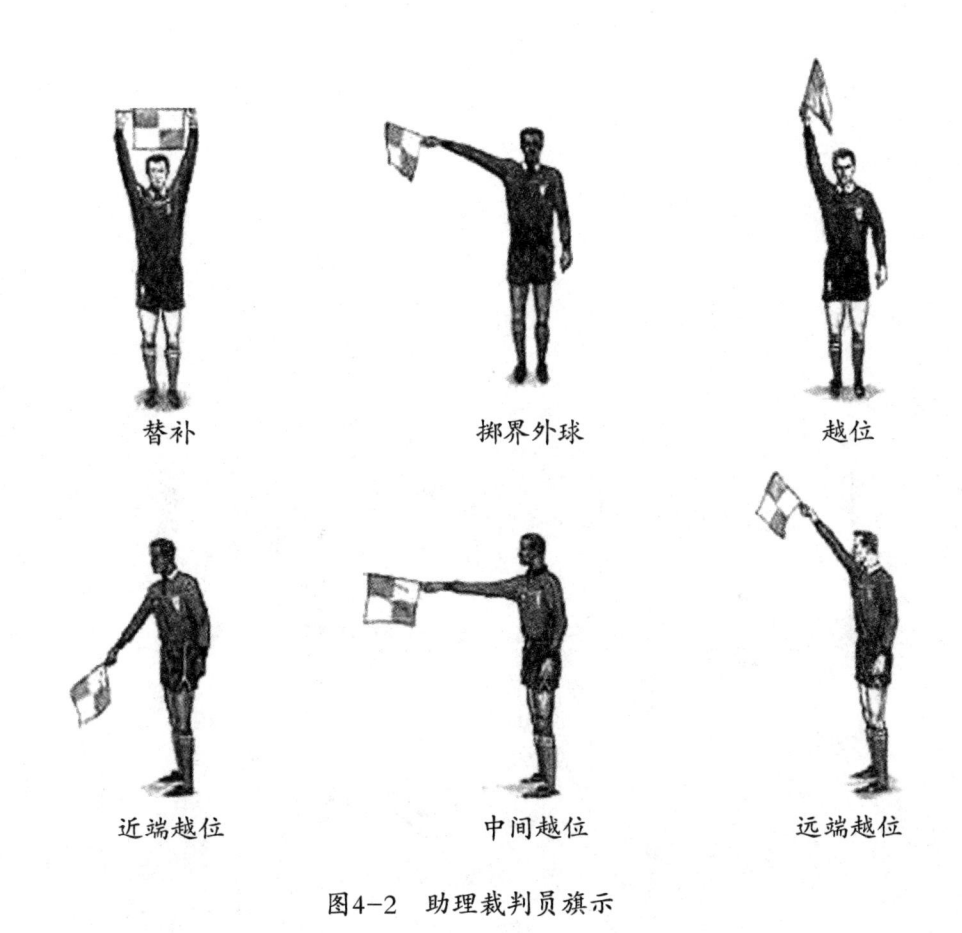

替补　　　　　　　　掷界外球　　　　　　　　越位

近端越位　　　　　　中间越位　　　　　　远端越位

图4-2　助理裁判员旗示

篮球

第一章

篮球运动概述

第一节 篮球运动的概念

篮球是学生最喜爱的运动项目之一，锻炼身体的综合效果好，能培养学生团结合作、积极进取的拼搏精神，是高中体育教学的内容之一。

篮球运动作为一个竞技运动项目，是以投篮为中心，以得分多少决定胜负而进行的攻守交替、集体对抗的球类项目。

第二节 篮球运动的起源与发展

篮球运动是1891年由美国马萨诸塞州斯普林菲尔德市基督教青年会训练学校体育教师詹姆士·奈史密斯博士发明的。当时，由于在寒冷的冬季人们缺乏在室内进行的球类竞赛项目，奈史密斯便从工人和儿童用球向"桃子筐"投准的游戏中得到启发，设计将两只桃篮分别钉在健身房内两端看台的栏杆上，桃篮口水平向上，距地面10英尺，以足球为比赛工具向篮内投掷，入篮得1分，按得分多少决定胜负。

1936年至1948年，由于规则的不断修改，促进了篮球攻防战术的变化运用，提高了攻防的速度。进入20世纪50年代，世界各强队普遍重视和发展高度，成为这一时期的显著特点。在1952年第15届奥运会篮球比赛中，出现了身高2米以上的高大队员。他们在高空争夺中占有明显的优势，掌握了比赛的主动权。但那时的高大队员灵活性差，技术单调，篮下死打硬攻，因而战术呆板，使比赛速度受到影响。针对上述情况，国际篮联对规则进行了修改，扩大限制区，增加了30秒（后改为24秒）规则和干扰球规则。

第三节　篮球组织机构

国际篮球联合会（International Basketball Federation，FIBA）是一个国际性的篮球运动组织，由世界各国的篮球协会组成，总部设于瑞士尼庸。它负责制定国际篮球球例、制定篮球比赛用的篮球场和篮球规格（例如：篮球框的高度、篮球场的长宽度、禁区的大小、三分线的距离和比赛用球规格等）、控制球员的调动、任命可以在国际篮球比赛中执法的裁判和举办大型篮球比赛。由1932年成立至今，共有213个会员国家。

重大比赛

1. 世界篮球锦标赛

男篮比赛始于1950年，每4年一次，参加比赛的队员和选拔办法经常变更。如1986年的第10届锦标赛共有24个队参加，1990年的第11届锦标赛只有16个队参加；女篮比赛始于1953年，1967年后定为每4年举行一届，参赛队数为14个。

2. 奥运会篮球比赛

男篮于1936年被列为奥运会正式比赛项目，40年后，即1976年，女篮也被列为奥运会正式比赛项目。此项赛事，随夏季奥运会每4年举行一次，男女参赛队各12个。

3. 世界青年男女篮球锦标赛

男篮始于1979年，女篮始于1955年，每4年举办一次，各有14个队参加。

第四节　篮球运动的教学功能

对于体育教学中的篮球运动来讲，它就是一项集体对抗的球类游戏项目。它的特点是集体性、对抗性、趣味性。除了具有一般运动项目的锻炼价值外，篮球运动复杂多变的比赛过程，能提高神经系统的灵活性，进而提高大脑的综合分析能力和应变能力。竞争对抗的游戏形式，能提高学生参与的兴趣，培养学生的体育能力以及学生的顽强拼搏精神，增强学生的自信心和自我心理调控能力。比赛中的集体配合，可以培养学生的团队精神，培养学生正确处理人际关系的能力。篮球技能的掌握可以增加人的运动经验积累，能为今后学习其他运动项目提供一定帮助。

第五节　高中篮球教学的目标

高中篮球教学的目标主要有以下几点。

（1）了解篮球运动的锻炼价值，培养学生参与运动的兴趣。

（2）能在篮球游戏和比赛中运用所学的篮球基本技术和简单战术。

（3）通过篮球活动，发展学生的灵活、机敏、反应快捷，以及速度、力量、耐力等身体素质，促进学生身心的全面发展。

（4）在篮球游戏和比赛中，培养学生自尊、自信的性格，以及与同伴合作及友好相处的精神，提高其社会适应水平。

第六节　场地规格

国际篮联标准：整个篮球场地长28m，宽15m。长宽之比：28∶15。篮圈下沿距地面3.05m。

一、球场

如图1-1所示，球场是一个长方形的坚实平面，无障碍物。对于国际篮联主要的正式比赛，球场的丈量要从界线的内沿量起。对于所有其他比赛，国际篮联的适当部门，有权批准符合下列尺寸范围内的现有球场：长度减少4m，宽度减少2m，只要其变动互相成比例。天花板或最低障碍物高度至少7m。

球场照明要均匀，光度要充足。灯光设备的安置不得妨碍队员的视觉。所有新建球场的尺寸，要与国际篮联的主要正式比赛所规定的要求一致：长28m，宽15m。

二、线条

宽度为0.05m（5cm）。

1. 界线

球场界线距观众席、广告牌或任何其他障碍物至少2米。球场长边的界线叫边线，短边的界线叫端线。

2. 中线

从边线的中点画一平行于端线的线叫中线；中线要向两侧边线外各延长0.15m（15cm）。

3. 罚球线、限制区和罚球区

（1）罚球线要与端线平行，它的外沿距离端线内沿5.80m，线长为3.60m。它的中点必须落在连接两条端线中点的假想线上。

（2）从罚球线两端画两条线至距离端线中点各3m的地方（均从外沿量起）所构成的地面区域叫限制区。如果在限制区内部着色，它的颜色必须与中圈内部的着色相同。

（3）罚球区是限制区加上以罚球线中点为圆心，以1.80m为半径，向限制区外所画出的半圆区域。在限制区内的半圆要画成虚线。

（4）罚球区两旁的位置区供非罚球队员在罚球时使用。画法如下：

① 第一条线距离端线内沿1.75m，沿罚球区两侧边线丈量。

② 第一位置区的宽度为0.85m（85cm），并且与中立区域的始端相接。

③ 中立区域的宽度为0.40m（40cm），并且用和其他线条相同的颜色涂实。

④ 第二位置区与中立区域相邻，宽度为0.85m（85cm）。

⑤ 第三位置区与第二位置区相邻，宽度也是0.85m（85cm）。

⑥ 所有用来画这些位置区的线条，其长度为0.10m（10cm），垂直于罚球区边线的外侧。

4. 中圈

中圈要画在球场的中央，半径为1.80m，从圆周的外沿丈量。如果在中圈内部着色，它的颜色必须与限制区内部的着色相同。

5. 3分投篮区

（1）分别距边线1.25m，从端线引出两条平行线。

（2）半径为6.75m（量至圆弧外沿）的圆弧（半圆）与两平行线相交。

（3）该圆弧的圆心要在对方篮球的中心垂直线与地面的交点上。圆心距端线内沿中点的距离为1.575m。

注：假如球场宽度少于15m，圆弧仍按上述6.75m半径画出。

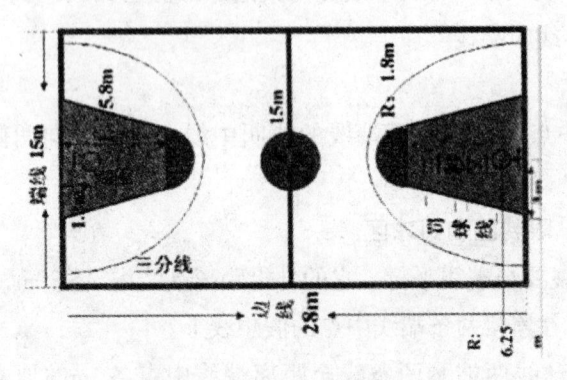

图1-1　篮球场地示意图

第二章

篮球球性基本功练习方法

手控制球的能力是篮球运动中的重要技术环节，对球性的熟练程度直接影响其水平的高低。

第一节 球性与练习方法

1. 抛接球练习方法

（1）双手抛接球。两腿左右开立，双手持球于胸腹前。练习时，全身协调用力将球向上抛起，抛球时足踵提起，接球时顺势屈膝。抛球的高度，从低到高，再由高到低。

（2）双手过顶抛接球。两腿左右开立，双手持球于背后。利用提肘抖腕，用小臂的力量将球抛起，经头上在体前落下，双手将球接住。

（3）抛球跑动接地面反弹球。当球落下从地面反弹时，两手迅速向球前伸，并将球握住，要求握球高度在膝以下，抛球的高度要从低到高（见图2-1）。

图2-1 抛球后跑动接反弹球

（4）单手过顶抛接球。两脚左右开立，右手将球持于体侧（手臂伸直，手心向上），用向上摆臂和指腕的力量将球弧线抛起，经头上传至左手，左手接球后再将球向右侧上方抛起，经头上传至右手，右手接球后再将球向左侧上方抛起，左手接球，依次连续进行。

（5）单手背后抛球过异侧肩接球：两脚左右开立，右手持球于身后，然后抛球过异侧肩，左手体前接球，左手接球后再从背后抛球过异侧肩，右手体前接球，两手交替进行抛接球练习。

2. 交接球练习方法

（1）踢腿交接球。两腿自然开立，双手持球于胸前。练习时，两腿交替踢起，当一腿前踢时，一手将球于大腿下交给另一手。反复练习。

（2）两手体前相互拨传球。两脚左右开立，双手相距40～50cm，用球快速倒手。只许手指触球，不许手心触球。由腹部高度到胸部高度再至头上高度，再向下，反复练习。

（3）胯下两手前后交换接球。两脚左右开立，深蹲，两手持球于体前胯下。练习时，将球稍向上颠抛，两手迅速移至身后在胯下接球，然后再将球稍向上抛，两手又迅速移至体前进胯下接球。连续进行，动作由慢到快。

（4）胯下"8"字交接球。两脚左右开立，略宽于肩，两手持球于膝前。练习时，右手持球在胯下将球交左手，左手持球经左腿后，在胯下将球再交右手。连续进行交接球，速度由慢到快，球移动轨迹是"8"字形（见图2-2）。

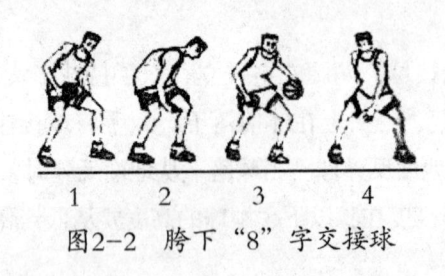

图2-2 胯下"8"字交接球

（5）行进间膝下"8"字交接球。两脚左右开立，略宽于肩，持球于膝前。练习时，向前迈出右腿，同时左手持球经两腿中间将球交右手，左脚继续向前行进，右手持球经右腿外侧再将球在两腿间将球交左手，前进做胯下"8"字交接球。行进速度可由慢到快，方向亦可不断交换。

（6）环绕交接球。用一球向上绕腿、腰、肩、头再向下环绕，反复练习，速度由慢到快。

3. 挥摆球练习方法

（1）单手斜后上方挥摆球。两脚左右开立，持球于体前。左手将球推交右手引摆至身体右斜后上方，手指控制住球，回摆时要加速，左、右手交替进行。

（2）单手体侧前后摆球。两脚左右开立，左手或右手持球于体侧。练习时，先向后拉摆球至极限时，前臂迅速外旋，再将球向前挥摆。然后，前臂内旋再将球向后拉摆，连续进行。要求摆幅逐渐加大，同时不失对球的控制。

4. 推滚球练习方法

（1）原地两手交换推滚球。两脚左右开立，略比肩宽，球放于右脚前地面上。练习时，用右手推球右侧使之在体前向左侧滚动至身体左前方，然后换左手再推滚球左侧，使球沿地面滚至身体右前。要求用力协调，全身随球向左、右移动，手不离球，球滚动要平稳。

（2）原地单手左右推滚球。准备姿势同上。练习时，原地用右手左推滚球至身体左前时，迅速变换右手于球左前阻止球滚动，并反手将球推滚还原成准备动作。数次后左右换手练习。要求手不离球，控制滚动。

5. 运球练习方法

（1）原地运起静止不动的球。原地半蹲，把球放在地上使其静止不动。练习时，用手指、手腕的力量拍击球，利用球的反弹作用将球拍起，然后再慢慢将球按拍成"死球"。

（2）原地胯下左、右运球。两脚前后开立成弓箭步，持球于胸腹前。练习时，右手持球加力使球从胯下向左反弹，左手迎引球后，再加力使球从胯下向右反弹回，两手交替运球。动作速度逐渐加快。

（3）环绕两腿做"8"字运球。两脚左右开立，略比肩宽，持球于胸前。练习时，选用右手运球，使球从右脚前经右腿外侧至身体右后侧，经胯下将球运交给体前的左手，再用左手运球绕左腿经胯下将球运交给体前的右手。反复练习，也可以不断交换运球方向。

6. 原地练习方法

（1）体前左右手抛接球。掌心向上，左手利用手指及手腕力量将球抛向右手，右手用同样的方法将球抛向左手，两手连续不断地进行抛球。

（2）体前左右手传接球。左手在胸前将球传给右手，右手又将球传给左手，使球在接触手掌时发出"叭"声，连续不断地传接球。

45

（3）体前后绕环单手交接球。右手将球经体侧送到体后，左手在体后接球后经体侧送到体前，右手在体前接到球重复上述的动作。

（4）原地"8"字运球。开始时，两脚左右开立，持球于右腿前右手运球从右腿跨下至体后，接着左手从体后接到球后拿至左腿前，再从跨下运球至体后，右手接到球后重复上述动作。

（5）跨下交换抛接球。两腿左右开立，屈膝、弯腰，右手于右腿前，左手于左腿后，同时持球于跨下将球稍向上抛起，左手立即从腿前，右手立即从腿后，同时在跨下接住球，再重复上述动作，连续练习。

（6）原地推、拉运球。右手运球于右侧，拍球的后上方，将球推向前面，立即用右手手腕，扶球前上方，接着提拉球回到右侧后方，扶球后下方，再推一截向前，重复上述动作。

打篮球要熟悉球性，尤其是初学者必须有一个熟悉球性的过程。只要对球性有所熟悉，对球的感觉能力有所提高，就能更快、更好地掌握篮球基本技术。

第二节　教学建议

（1）熟悉球性的基本功练习虽然效果极其明显，但需要每个人都有球，所以，建议在球少的情况下，要进行分组或分小班上课为好。

（2）熟悉球性的基本功练习需要教师有较强的示范能力和技术组合能力，建议任课教师要不断钻研篮球技术充分地备好课。

（3）熟悉球性的基本功练习必须左右手趋于平衡，避免单手作业。

（4）熟悉球性的基本功练习的方法丰富多样，运用熟悉球性基本功的练习做准备活动的效果明显高于传统性的准备活动，特别是会为报考篮球大学专项的学生奠定基础。

（5）篮球熟悉球性的基本功练习方法实现了多种教学方法的优化组合，既有利于学生掌握基本技术，又能提高学生学习的积极性和培养兴趣。

第三章

篮球教学内容与教法建议

第一节 基本技术教学与教法建议

一、双手胸前传接球——传球抢球游戏

双手胸前传接球是篮球运动中应用最广泛的传接球方式，是各种传接球技术的基础。在教学中要结合传球抢球等游戏进行教学，避免学生感到枯燥和厌烦。在注意传球手法的同时，注意传球落点的控制。特别是比赛和游戏时，要注意培养学生的观察力，扩大学生的视野。

1. 双手胸前传接球的游戏

传球抢球游戏方法：把学生分成人数相等的两个队，限定一个区域。游戏开始时，攻方用一个球在同伴之间传递，守方断球、抢球。要求进攻方不得运球、带球走、使球出界和被守方触摸到球，否则攻守交换。以一方一次进攻中累积传球次数多者为胜。

2. 双手胸前传接球动作要点（见图3-1）

传球要点：持球正确，蹬地、伸臂、屈腕、拨指动作协调连贯，双手用力均匀。

接球要点：手型正确，触球时收臂缓冲动作柔和、连贯。

图3-1 双手胸前传接球

3. 游戏要点

持球者开阔视野，找无对方防守的同伴传球；不持球进攻者摆脱防守。

4. 易犯错误与纠正方法

易犯错误：

（1）传球时两肘外翻，出手用力迟缓。

（2）接球手型不对，易手指向前。

纠正方法：讲清错误发生的原因，练习时进行语言提示，监督练习。

5. 教法建议

（1）在双手胸前传接球的教学中要注意与传接球游戏结合的问题。在考虑教学步骤时，可在示范讲解和简单的练习后就进行传接球游戏，在游戏中让学生体会动作要点，并提出一些问题让学生思考，如什么时候应该传直线球，什么时候应该传弧线球，等。结合游戏中出现的问题提出要求后，再让学生做传接球练习。可反复进行。学一段、用一段，学用结合，不断提高要求，从技术的掌握逐渐向技术的运用过渡。

（2）教学中应根据学生的情况采用不同难度的传球游戏。比如二传一抢、三传二抢、三传三抢，或相同的多人传抢。根据不同的游戏提出不同难度的要求，使学生在游戏中学会并能运用双手胸前传球。

（3）教学中要教与学并重，要引导学生积极思维。可预先设置一些问题让学生去发现和解决。如：比赛中球应该向哪儿传？传给固定站立同伴时，球的落点控制在什么位置？传给移动的同伴时，球的落点怎么控制？引导学生自己学习，使学生逐步养成自学的习惯。

（4）在教学中应注意培养学生负责任的学习态度，要鼓励学生表现自己，不能做好做坏无所谓。比如传球的同学要为接球的人着想，怎么传球才能使接球的同伴更便于进攻；再如怎么传球才能使自己的动作显得比较精彩。

（5）传球教学应注意开拓学生的视野，要引导学生掌握正确的配合思路。不能只掌握传球方法，而在比赛时不知传给谁、不知怎么传，造成大量失误。可以多做一些三传二抢、三打二等以多打少的游戏，培养学生传球给无人防守同伴的能力。

二、原地单手肩上投篮——三传二抢投篮游戏

原地单手肩上投篮是篮球运动中最基本的投篮技术，也是比赛中应用广泛

的技术。原地单手肩上投篮动作比较简单易学，结合罚球和投篮比赛等练习方式，可以培养学生的心理素质，增强个人的自信心。教学中要利用动作本身易于评价和学生喜欢投篮的特点，让学生理解动作要点，通过练习，在掌握技术要点的基础上提高投篮命中率，以提高学生的学习兴趣。

1. 原地单手肩上投篮的游戏

三传二抢投篮游戏方法（见图3-2）：五人一组，三人为攻方，二人为防守方。攻守双方站位如图，游戏开始，由攻方互相传球或投篮，防守一方积极移动抢断球或干扰对手投篮。攻方传球失误或投篮不中，以及手中球被对方触及时，与其中一位防守者互换角色。

规则：

（1）攻方不能移动。

（2）攻方投中一球可保险一次，连续投中多个球也只算保险一次。

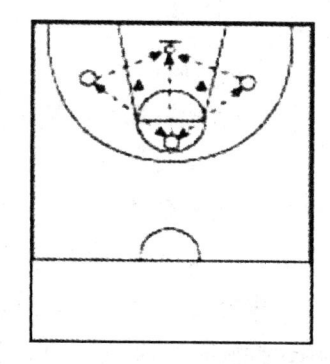

图3-2　三传二抢投篮游戏

2. 原地单手肩上投篮动作要点

要点（见图3-3）：持球手型正确，蹬地、抬肘、伸臂、屈腕、拨指动作协调连贯，球出手后，手要指向球篮。

图3-3　原地单手肩上投篮

3. 游戏要点

真假动作结合应用，投篮时应有意识的调控心理状态。

4. 易犯错误与纠正方法

易犯错误：

（1）投篮弧度过低。

（2）手臂用力方向不对。

纠正方法：

（1）语言提示，要其抬肘，或设标志物，让其投篮时超过标志物。

（2）语言提示，要其投篮出手后，手指向球篮。

5. 教法建议

（1）原地单手肩上投篮是学生较喜欢的技术动作，也是投篮技术的基础。教学中要把握以下几方面，即投篮技术动作的掌握，投篮技术在实战中的运用，投篮时机的选择。既要从易到难，循序渐进，让学生尽快掌握动作，又要学用结合，将掌握动作与游戏以及在比赛中的运用结合起来。让学生在掌握动作的同时感到运动的乐趣，更好地把握技术动作要点。

（2）原地单手肩上投篮的教学要与投篮游戏相结合。可根据学生的实际水平与教学时数的可能，采用不同的游戏，如：五点投篮游戏，比赛连续投中次数游戏，三传二抢投篮游戏，直至在比赛中练习投篮。通过游戏学习单手肩上投篮可以提高学生的学习兴趣，在游戏中发展学生运用技术能力，培养学生的自学能力。

（3）教学中要给学生留有思考余地。教师可预先设置部分问题，让学生去解决，比如：投篮时的用力顺序，投篮时球飞行的弧度，投篮时球的旋转方向，等。使学生在解决问题中把握投篮技术动作的要点。

（4）投篮教学中可设立适当的问题情景或营造一定的环境，培养学生对心理的调控能力。如：两队比赛罚球的投中次数，一个人投中与否将影响全队的胜负，自然有一定压力，此时，要引导学生学会在压力下如何控制情绪，发挥正常水平。也可数人一起比连续投中次数，尤其在连续投中几球后，随着累积次数的增加，压力会越大，在此环境下锻炼控制能力。

（5）教学中要适当地鼓励学生表现自己。要培养学生的自信心，尤其是对基础较差的同学，要看到他们的进步，当他们进步时应及时表扬，为他们创造机会去体验、去尝试，逐渐培养他们对运动的兴趣。

三、体前变向换手运球——运球抢球游戏

体前变向换手运球是比赛中应用最广泛的运球变向技术，它方法简单、实用。经常练习不但可以提高运球的突破能力，还可以提高手控制球的能力和手脚协调程度。手脚协调与保护球动作是技术的关键。

1. 体前变向换手运球的游戏

（1）动作方法。运球队员欲从左侧突破时，先用右手运球，吸引对手向右移动，这时运球队员突然用右手拍球的右侧上方向左侧变方向运球，同时右脚向左前方跨出，用肩、腿护球，接着迅速换左手按拍球的后上方，运球超越对手（见图3-4）。

图3-4　体前变向换手运球

（2）运球抢球游戏方法。

方法一：在半场范围内每人一球运球移动，另设两个学生进场抢球，被抢球的学生继续抢别人的球（见图3-5）。

图3-5　运球抢球游戏

方法二：在半场范围内，把学生分成人数相等的两个组，一组在场内运球移动，另一组一对一抢球，抢到球后两人交换攻守。

2. 体前变向换手运球动作要点

变向运球时动作要快，运球高度降低，蹬跨、转体探肩迅速，注意保护球。

3. 游戏要点

运球不要盲目奔跑，在对手过来抢球时利用体前变向换手运球技术使球移到远离防守的一侧。

4. 易犯错误与纠正方法

易犯错误：运球变向时蹬跨、转体探肩慢，护球不利。

纠正方法：原地做运球变向和蹬跨、转体探肩动作。

5. 教学建议

（1）在进行体前变向换手运球教学时，可考虑先做运球抢球游戏，然后做原地和行进的体前变向换手运球练习。待学生能完成基本动作后，再做运球抢球游戏和一对一运球突破练习。

（2）在体前变向换手运球练习与一对一运球突破结合运用时，要引导和鼓励学生在变向后，加速超越对手的决心和勇气，尤其是运球队员变向运球已经避开防守正面堵截时要敢于与对方拼速度，培养学生勇敢顽强的精神和自信心。

（3）教学中，在学生的动作出现错误时，要引导学生自己发现问题，必要时可提醒他们观察正确动作和与自己同样的错误动作，互相比较，找出答案。要让学生发现问题与教师集体纠正相结合，既培养学生的自学习惯，也能保持正常的教学效率。

（4）在做运球抢球游戏时，应视人数多少来确定游戏的范围，避免场地过小，在拥挤中造成伤害事故。

四、运球接行进间单手肩上投篮——运球投篮比赛

运球接行进间单手肩上投篮是一项运球与行进间投篮组合的动作。学会此组合动作对学生参加比赛会有很大帮助，因为此组合动作解决了个人移动和投篮问题，甚至可以用此动作跳起空中传球给同伴。此组合动作关键在于两个动作的衔接与在空中时平衡的控制。

1. 运球接行进间单手肩上投篮的游戏

运球投篮比赛游戏方法：把学生分成人数相等的两组进行运球投篮比赛，每组一球，在单位时间内比两队累积进球次数（见图3-6）。

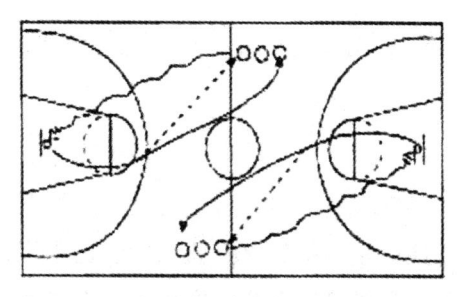

图3-6　运球接行进间单手肩上投篮

2. 运球接行进间单手肩上投篮动作要点

跨步拿球双脚要腾空，跳起投篮时要控制身体平衡，投篮出手动作连贯柔和。

3. 游戏要点

掌握好跨步拿球位置，靠近篮下碰板投篮。

4. 易犯错误与纠正方法

易犯错误：初学者跨步拿球时容易跨错脚。

纠正方法：增加徒手分解脚步练习，逐渐加快速度。

5. 教学建议

（1）在进行运球接行进间单手肩上投篮教学时，可用徒手脚步动作练习解决跨步拿球、跳起举球的行进间投篮的脚步动作，然后练习跨步拿同伴手中球后起跳投篮动作，在基本掌握上述动作后，可做运一次球后跨步拿球上篮动作。逐渐过渡到半场距离运球上篮和运球投篮游戏中去。

（2）待运球接行进间单手肩上投篮动作基本掌握后，可结合各种要求的游戏进行练习。如：1分钟内往返三分线与篮下运球接行进间单手肩上投篮游戏；半场往返两次投中四球的运球接行进间单手肩上投篮游戏；全场绕场上三圈运球接行进间单手肩上投篮，往返一次投中两球游戏；等。

（3）教学过程中应引导学生对自己和同伴的动作进行评价、分析和比较。适当的时候可组织学生讨论，提高其认识动作的能力。对动作有问题的学生，应先提醒他们，让他们先自己找问题，再帮助他们解决；也可让技术好的同学帮助他们，在班级内养成互帮互学的风气。

（4）在练习或游戏中要鼓励学生自己找窍门，如碰板的位置、拿球位置、投篮的距离等，让学生自己总结提高投篮命中率的经验。

五、原地跳起单手肩上投篮——五点跳投比赛

原地跳起单手肩上投篮是比赛中最常见的投篮方法之一。它既可以增加投篮高度，又具有较好的稳定性，而且容易与其他动作相结合，所以深受学生喜爱（但一般女学生做此动作有些困难，可安排女生练习在跳起后上升阶段出手投篮的动作方法）。原地跳起单手肩上投篮在中、远距离投篮方法教学中所处的位置应是：原地单手肩上投篮—随跳随投单手肩上投篮—原地跳起单手肩上投篮—运球急停跳起单手肩上投篮—移动中接传球急停跳起单手肩上投篮。所以教学中要注意前后的衔接与区别对待。

1. 原地跳起单手肩上投篮的游戏

五点跳投比赛游戏方法：在半场范围内，围绕球篮、以不同的距离、选择最常见的投篮位置，设立五个投篮点，并排好顺序。学生5～10名一组，每人一球或尽量多的球，依次按顺序在五个投篮点投篮，每人在1号位置投中后方可进入2号投篮点，以此类推，比赛谁能尽快地投中五个球。要求学生除技术因素外，考虑取得胜利的其他因素。

2. 原地跳起单手肩上投篮动作要点

随着用力摆臂、两脚用力垂直起跳，待身体上升至最高点时，用力抬肘、伸臂、屈腕、拨指将球投出。

3. 游戏要点

第一、二个球投篮要慎重，争取尽早投中，在投篮时要注意其他投篮者的干扰。

4. 易犯错误与纠正方法

易犯错误：投篮出手时间过早，上升阶段就出手，会影响今后跳投动作进一步提高。

纠正方法：讲清道理，缩短投篮练习距离，要求其延缓出手时间。

5. 教学建议

（1）在开始教学时，先复习原地单手肩上投篮的技术动作，在此基础上，让学生做徒手起跳投篮模仿练习，体会全身用力。然后可让学生两三人一组互

相跳投模仿练习，体会出手时间，与用力的大小。在能基本完成动作时，再对篮练习，练习初期可在近距离进行，动作熟练后再逐渐加大投篮距离。

（2）跳投的学习要结合游戏穿插进行，避免学生感到枯燥。可以分成两队，每队每人投一次，比赛各队投中总数。可以两队各一球篮，队员依次投篮，比哪一个队连续投中的数最多；比赛个人的连续投中次数；比赛五点投篮；比30秒钟内在三秒限制区外投中的累积数；等等。在游戏中要结合学生遇到的具体情况穿插进行基本动作练习，以保证学生动作的掌握程度。

（3）教学中结合学生的具体情况，适时引导和启发学生思考问题和解决问题。如跳投时经常出现投不到球篮的现象，这是因为出手时间晚，起跳方向偏后，球举得太高、手指手腕用力不够等。这些问题不要急于告诉学生，可组织大家分析讨论，找出问题并解决问题。

（4）跳投技术的掌握与运用是不可分的，可结合各种竞赛游戏提高学生运用跳投技术能力。如在一对一攻守中结合持球突破练习跳投，在二打一、三打二时练习跳投，以及在教学比赛中练习跳投。重点在于移动与起跳的连接和跳投时机的把握。

六、传接球接行进间低手投篮——全场三对三教学比赛

传接球接行进间低手投篮是篮球比赛中应用比较广泛的一项组合技术。由于它的技术特点是投篮动作柔和、稳定，出手点在身体前上方，所以一般在快速奔跑中或身体前方没有防守人时使用。此技术动作在所有行进间投篮技术中，是命中率较高的一种投篮形式。与运球接行进间投篮相比，在衔接部分有一定难度。在教学中应注意动作的技术特点。

1. 传接球接行进间单手低手投篮的游戏

（1）动作方法：（以右手投篮为例）当球传来时，右脚向前跨出接球，接着迅速上左脚起跳，向前上方跳起投篮。投篮时，单手持球，托球的下部，手心向上，手臂向前上方伸出，用手腕、手指柔和地上挑动作将球投出（见图3-7）。

（2）全场三对三教学比赛方法：全场三对三攻守，要求进攻者少运球多传球，防守者全场人盯人。目的：提高行进间传接球水平，培养学生在有防守的情况下传接球接行进间投篮能力，提高练习的负荷强度和学生的心肺功能。

图3-7 传接球接行进间单手低手投篮

2. 传接球接行进间单手低手投篮动作要点

跨步接球与腾空举球动作平稳、流畅，单手托球高度与奔跑速度成正比，手腕、手指的上挑动作要柔和。

3. 游戏要点

（以进攻为主）主要强调传球给无防守的同伴，传球落点要远离防守、要有一定提前量（见图3-8）。

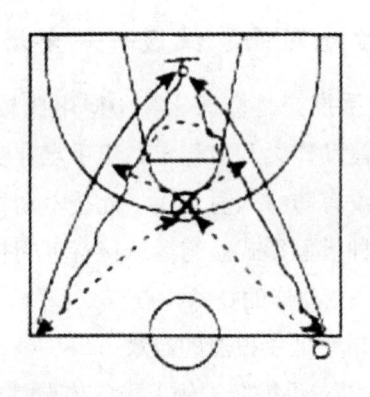

图3-8 全场三对三比赛

4. 易犯错误与纠正方法

易犯错误：投篮时单手托球点低，造成奔跑中投篮动作过大，降低命中率。

纠正方法：原地持球做单手托球向前上方伸展练习，并讲清问题的症结，再在行进间练习，随着奔跑速度的加快，逐渐提高出手高度。

5. 教学建议

（1）传接球接行进间单手低手投篮一般安排在运球接行进间单手肩上投篮

之后。教学中可以先练习接传球的行进间单手肩上投篮，然后练习原地持球的单手托球向前伸展动作。接着，在篮下3米处，右腿在前持球练习上一步单手托球向前上方伸展投篮练习。待投篮出手动作掌握到一定程度后可练习运球接行进间单手低手投篮，逐渐过渡到接传球单手低手投篮动作练习中去。

（2）传接球接行进间单手低手投篮动作的学习要结合游戏进行，以提高学生的学习兴趣，培养学生的运用技术的能力。在进行全场三对三比赛之前，可以先进行传接球接行进间单手低手投篮接力赛（见图3-9）。

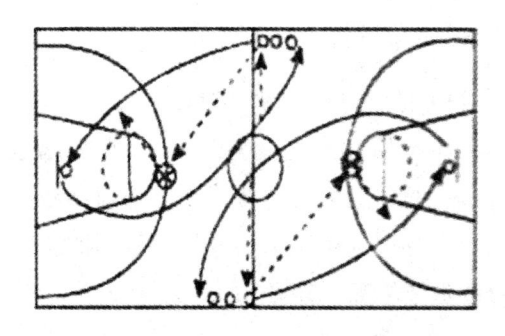

图3-9　传接球接行进间单手低手投篮接力赛

将学生分成人数相等的两队，每队一球，每队选出一名队员站在罚球区弧顶给大家传接球。每一个队员经过传接球后上篮，投篮不中须补中，然后运球过中线后才能传球给下一位同学，先进行完的队为胜。

也可以进行半场传接球往返上篮计时赛。从中线开始，传接球后上篮，投不中须补中，往返一次，投中两球，计所需时间，时间少者为胜。

（3）在教学过程中，会有一部分学生动作掌握的较慢，或出现错误动作，这时可以引导学生观察同学中好的和差的两方面类型的动作，并加以比较，然后让他们自己先想办法解决。比如有的学生投篮动作基本正确，但命中率较低，实际上是因为传球的同学给球过早，致使接球上篮的同学每次投篮距离较远造成的。启发他观察别的同学，自己找原因，找到原因后自己想办法解决。

解决的办法可以是：让传球学生晚一点给球，或在离篮距离较远的地方接球时运一次球再上篮。

（4）行进间投篮教学中，易忽视一个问题，即学生在初学时速度较慢，以致经常在两脚着地或后脚着地的情况下拿球。实际上在这两种情况下拿球上篮是带球走，违例。所以教学中要提醒学生应在双脚腾空的情况下拿球上篮才是正确动作。一般来说，只要在奔跑状态下拿球就不会出现上述问题（见图3-10）。

图3-10　奔跑中拿球

（5）行进间低手投篮的投篮命中率一般较其他投篮动作高，但教学中会经常发现部分学生投篮命中率始终偏低，这其中，主要原因是学生出手动作不稳定和精神不集中造成的。投篮时精神集中与否是习惯问题，要采取一些措施进行强化，使学生养成好习惯。比如采取一些连续进球的比赛，要求连续进球二或三次，要求投篮时看磁板位置，等等。

第二节　技战术教学与教法建议

一、传切配合——半场控制球游戏

传切配合是篮球比赛中应用较广泛的进攻基础配合形式，比赛中实用性强、易于掌握。应结合基本方法的学习，鼓励学生在比赛中应用此种形式，提高学生的配合意识、团队精神。尤其是在对抗状态下，传切路线的默契程度会影响配合的成功率，配合成功的过程就是培养学生战术意识的过程，也是提高学生处理人际关系能力的过程。

1. 传切配合的游戏

半场控制球游戏方法：在半场范围内，把学生分成人数相等的两个组，一组互相传球，另一组人盯人抢断球。要求进攻方同伴之间拉开距离，无球的队员频繁在中间穿插跑动，接同伴传球后向外围跑动，继续传球。防守方积极抢断，如抢断到球或迫使对方失误后，交换攻守。比赛双方传球累计次数。

2. 传切配合要点

切入者切入时应抢在防守前侧身看球切入，传球者传球时应结合投篮、突破等假动作，及时准确的将球传给同伴。

3. 游戏要点

进攻方频繁移动，拉开距离，反复传球，控制传球落点与时机。

4. 易犯错误与纠正方法

易犯错误：传球落点控制不好，有时传球到攻、防队员之间，没有远离防守队员；有时偏前或偏后，同伴不易接球。

纠正方法：讲清控制传球落点的方法，在有防守和移动的情况下练习传接球。

5. 教法建议

（1）尽量采用有攻防的游戏方法练习传切配合。开始时可采用简单的游戏方法，然后逐渐提高难度。如开始时可采用二攻一守传球游戏，以提高有防守情况下传球落点的控制；再用三攻二守传球游戏提高传球选择能力和开阔视野；再用半场控制球游戏提高传切配合成功率；然后在教学比赛中提高传切配合的实战能力。

（2）配合练习中要注意集体意识的培养。针对目前中学生以自我为中心的倾向，鼓励学生应以集体利益为先，以全队的胜负为重，不能只顾自己进攻而失去良好的进攻机会。在传球时应考虑同伴的需要，要培养为每一个球、为全队胜负而负责任的态度。

（3）要鼓励学生开动脑筋，积累和总结传切配合的经验，如启发他们思考怎样摆脱防守，什么时候切入，什么时候传球，等。引导学生发现问题和解决问题，提高学生的自学能力。

（4）传切配合练习要让学生动起来，不管是游戏还是基本练习，都要使学生保持一定的移动时间。练习形式的安排应有连续性，应使学生在一定的时间内尽量多的接传球和跑动。

二、二攻一配合——全场二打一游戏

二攻一配合方法是快攻结束阶段以多打少的一种形式，也是比赛中常见的进攻形式。掌握二攻一的基本方法不仅可以提高以多打少的能力，而且可以培养学生的战术配合意识，加快进攻的节奏，提高进攻的成功率（见图3-11）。

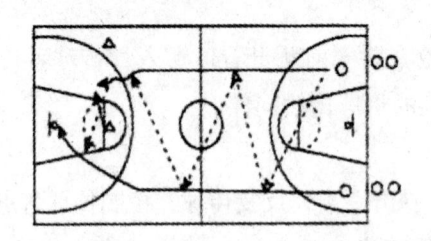

图3-11　二攻一配合方法

1. 二攻一配合的游戏

全场二打一游戏方法：把学生分成二人一组分别站在两端线外，一组传球推进前场投篮，对面出一组，其中一人到罚球区防守，另一人到边线等候。若进攻组利用二攻一配合方法进攻得分，则防守组拿球向对面球篮二打一，若进攻组进攻失败，则拿球返回另一端球篮二打一，直至二打一投篮成功。

2. 二攻一配合要点

两人拉开距离，球远离防守人，尽快结束进攻。

3. 易犯错误与纠正方法

易犯错误：传球的时机控制不好，传球过早使防守人退回，传球过晚被防守人封堵。

纠正方法：要求在接近防守前运球前进，确定防守确实上前堵截时再传球，在半场反复练习。

4. 教学建议

（1）教学中可考虑先做篮下的二攻一守的攻守练习，解决在中间有防守情况下的传球问题；再做从中线推进的二攻一练习，开始可不要求尽快结束；然后再从半场过渡到全场的快速的二攻一配合练习，待二攻一配合成功率达到50%以上时，再做全场二攻一游戏。

（2）在二攻一配合学习初期，学生行进间投篮和篮下近距离投篮命中率较低时，应穿插二攻一配合方法的学习，进行一些行进间投篮的练习。待无人防守状态下行进间投篮命中率在50%左右时，再设消极防守，进行二攻一练习。逐渐提高防守的积极程度。

（3）二攻一配合成功的其中一个关键就是，当防守欲前后兼顾时，持球人要果断运球上篮。所以练习中要鼓励学生在防守队员似防又没全力去防的状态下强行运球上篮。待防守全力上前堵截时再传球，以免被防守假动作所迷惑。

（4）二攻一配合学习初期，学生盲目跑动、传球和投篮的较多，所以成功率很低。在这时要降低速度，组织学生分析讨论进攻的优势所在。

三、半场人盯人防守——半场五对五比赛

半场人盯人防守战术，是以个人防守为基础，综合运用防守基础配合所组成的全队战术。一般分半场扩大人盯人防守和半场缩小人盯人防守。中学教材安排的半场人盯人防守指的是半场缩小人盯人防守。半场缩小人盯人防守的防守范围小（一般在7米左右），防守移动距离短，给攻击者留下的篮下空间小，所以说相对半场扩大人盯人防守消耗体力少，给对手的突破与传切和篮下进攻造成一定困难，因防守者之间距离短，所以同伴之间也容易协同防守。半场缩小人盯人防守一般用以对付外线攻击力较弱的对手。

1. 半场人盯人防守配合要点

分工得当，强防强、弱防弱。分工负责，谁的人谁负责。个人防守的位置、距离、姿势、步法要正确。

2. 易犯错误与纠正方法

易犯错误：防守位置经常站错，比赛时经常不能保持在对手与球篮之间。

纠正方法：讲清防守位置的重要性，通过一防一、二防二练习提高保持正确防守位置的意识，并随时停止比赛检查强化。

3. 教学建议

（1）人盯人防守教学时（见图3-12），首先要进行责任教育，要让学生知道分工负责是集体配合的基础。针对中学生愿意进攻不愿意防守的情况，在练习前或比赛前先将这种现象揭示出来，并加以否定，同时鼓励和表扬那些认真负责防守的同学。

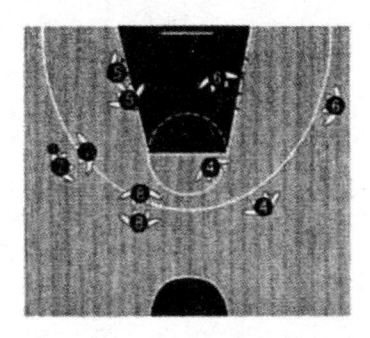

图3-12 人盯人防守

（2）人盯人防守教学中要注意培养学生的个人防守能力、脚步灵活程度、防守意识等面对各种对手应采取不同的措施。开始可以进行一些重点的防守步伐练习，如滑步、后撤步、侧身跑、急停急起等。然后结合进攻进行对抗练习，如一个队员徒手做跑、停、跳等动作，另一个队员紧跟模仿练习；或运球一对一全场攻守；或者做半场的三对三传球抢球练习；等。逐渐过渡到教学比赛中去。

（3）在教学比赛中练习人盯人，首先要注意位置、距离、步伐姿势等要素的控制。先示范讲解各要素的控制要点，然后在比赛中加以验证。开始可以让防守人随着进攻者传球移动，然后检查防守人位置站得是否正确，距离是否合适，步伐姿势是否恰当，让学生建立正确的观念，然后在比赛进行中，停下来检查防守人的实践情况。逐渐让学生形成正确的定型动作。

（4）初学者打比赛时，容易出现扎堆的现象，大家都奔球去。所以在进行人盯人防守教学的开始阶段，可不要求同伴之间协同防守。主要强调各自防守好自己的对手，最大限度地防止其得分，或发挥别的作用，待比赛比较正常后再培养协防能力。

（5）人盯人防守相对联防来说，比较容易犯规，而中学生初学篮球，容易造成较重犯规。在教学中要教会学生正确的防守方法，特别是对方在跳起时，或在快速奔跑时，要提醒学生不能剧烈冲撞，以免造成伤害事故。

第四章

篮球竞赛规则与裁判法

篮球规则是篮球运动的法律性文件，是篮球竞赛唯一的理论依据。裁判法是临场裁判员的工作方法，指导裁判员如何完成一场竞赛的裁判工作。

第一节　篮球竞赛的主要规则

一、违例及其罚则

违例是违反规则的行为。

罚则是发生违例的队伍失去球权，由对方在最靠近违例的地点掷界外球，直接位于篮板后面的地方除外；如果球进入球篮但投中无效，随之而来的掷界外球应在罚球线延长线界外处。

裁判员宣判程序：鸣笛并做停表手势→违例手势→新的进攻方向。

1. 运球违例（两次运球或非法运球）

运球，是持球队员在原地或移动中，用单手连续按拍借助地面反弹起来的球的技术。球在一手或双手之中停留的一刹那运球即停止。不能翻腕运球（携带球），不能双手同时拍球，不能两次运球。漏接即是运球开始或结束时，队员偶然地失去球，接着又恢复控制球。漏接不是运球。"三不碰"可以再次接触球。

2. 持球移动违例（走步）

如图4-1所示。

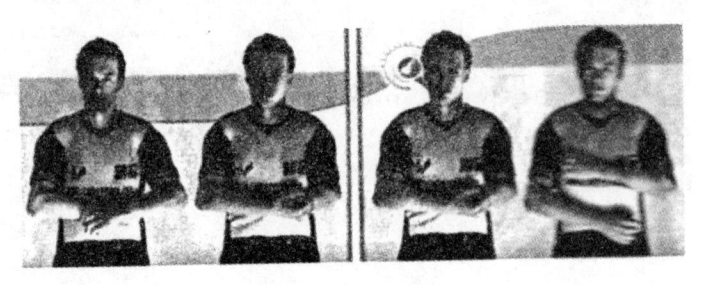

图4-1　走步违例

（1）中枢脚的确定。

第一种类型：队员双脚着地接到球（原地接球），可用任一脚作中枢脚，一脚抬起的一刹那，另一脚就成为中枢脚。

第二种类型：队员在移动或运球中接到球。一种情况是，队员接到球时一脚正触及地面，另一脚一触及地面，原先那只脚就成为中枢脚。另一种情况是，队员接到球时双脚离开地面：

①双脚同时落地，任一脚都可作为中枢脚；

②两脚分先后落地，先触及地面的脚是中枢脚；

③一脚落地又跳起这只脚并双脚同时落地，则哪只脚都不是中枢脚。

（2）判定持球移动。

确定中枢脚后，队员在传球或投篮中，可抬起中枢脚，但在球离手前不准落回地面；队员开始运球时，在球离手前不准提起中枢脚。哪只脚都不能作为中枢脚时，若队员传球或投篮，可抬起一脚或双脚，但在球离手前不准落回地面；若运球，则在球离手前哪只脚都不可以抬起。

3. 球回后场违例

（1）三个必备条件。该队必须控制球，控制球队才能出现球回后场；必须是控制球队使球从前场进入后场；必须是控制球队的队员在后场首先触球。

（2）球回后场违例的几种情况。队员从前场跳起，在空中直接从中圈跳球中获得控制球，并一脚或双脚落回后场；队员在前场跳起于空中获球后落在后场；队员从后场起跳，在空中接住同队队员从前场传来的球后落在前场；队员骑跨中线时接前场来球；等等。

（3）不算球回后场违例的情况。被防守队员断回后场的球，可以被双方任一球队重新获得；运球队员在中线附近由后场向前场做后转身运球，即使身体接触了前场地面但球运在后场地面上，则继续向前运球；在前场投篮出手后球弹回后场。

4. 球出界与掷界外球违例

当球触及界外队员或任何其他人员、界线上或界线外的地面或任何物体、篮板的支柱或背面时即为球出界。

5. 时间类的违例（见图4-2）

（1）3秒违例：在比赛计时钟已经启动、某队在场上控制活球时，该队队员在对方限制区内不得停留超过连续3秒钟。队员在限制区内停留接近3秒时，可允许他向篮下运球投篮，连续投抢不受3秒规则限制。队员准备离开限制区时或当处于限制区内的队员正在做投篮动作且球正在离手或已离手时不算3秒违例。

（2）5秒违例。罚球队员在裁判员递交球后5秒没有投篮出手；掷界外球的队员在裁判员递交球后或已将球放在他可处理球的地点后5秒没有将球掷入场内；持球队员被严密防守，在5秒内没有传、投、滚或运球时。

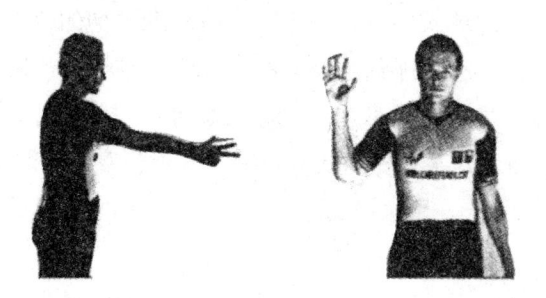

图4-2 时间类违例

（3）8秒违例。进攻队员在后场控制活球时，该队没有在8秒内使球进入前场。

（4）24秒违例。当一名队员在场上控制一个活球时，该队必须要在24秒内完成投篮。构成一次投篮必须满足下列条件：①24秒装置鸣响之前球必须离手；②球离手后在24秒钟装置鸣响前必须触及篮圈。

当在24秒接近结束时投篮，球已离手在空中飞行时24秒钟装置鸣响，如球进入球篮，此球为投中。如果球触及篮圈但未进入球篮，则球仍是活球，没有违例发生并且比赛不中断应继续进行。

下列情况24秒从中断处连续计算：球出界仍由原控制球队掷界外球；裁判

员中止比赛以保护受伤队员。

6. 干扰球违例

（1）在投篮的时候，当球在飞行中下落并完全在篮圈水平面上时，进攻或防守队员均不能触球。

（2）当球在球篮中时，防守队员不得触球或球篮。

（3）当球触及篮圈时，攻守队员都不得触及球篮或篮板，但可以触球。进攻队员违例，投中无效；防守队员违例，球即使没中也要算攻方得分。

7. 脚踢球与拳击球

故意踢球、用拳击球或用腿的任何部位拦阻球为违例，脚或腿偶然地碰球不算违例。

8. 交替拥有

交替拥有规则是以掷球入界的方式延续比赛，而不是以跳球来使球进入比赛的方法。

在非每半时和决胜期开始的跳球情况中，双方球队将交替在最靠近出现下一次跳球情况的地点掷球入界。在每半时或决胜期最初的跳球中，未获得控制球的队应开始交替程序，将球判给该队在最靠近出现下一次跳球情况的地点掷球入界。当一名裁判员将球置于掷球入界队员可处理球的地点时，交替拥有程序开始，当传出的球触及一名界内队员或掷球入界队发生违例时结束。

二、犯规及罚则

犯规是违反规则的行为，含有身体接触和违反体育道德的举止。犯规可分为侵人犯规和技术犯规。

宣判程序：鸣笛并做停表手势——用手势表明犯规队员的号码、犯规性质及罚则。

罚则：由对方掷界外球；如犯规队每节全队累计达4次后，罚球2次；如被侵队员在做投篮动作时，投中2分或3分，加罚一次；不中则罚2次或3次。

1. 身体接触问题

（1）接触的概念（篮球规则第七十三条）。

（2）判断身体接触的基本原则。

规则的精神和意图，以及坚持比赛完整的需要。运用"有利/无利"概念中的一致性，裁判员不应企图靠不必要的打断比赛的流畅来处罚附带的身体接触，况且这样的接触没有给有责任的队员利益，也未置他的对方队员于不利。

在每场比赛中要运用常识的一致性，要记住有关队员的能力以及他们的态度。

在比赛控制和比赛流畅之间保持平衡的一致性，对于参与者们正想做什么以及宣判什么对比赛是正确的，要有一种"感觉"。

（3）处理身体接触的原则。

每个队员都有责任尽量避免发生身体接触。

每个队员都有权占据没有被对方队员占据的位置。

每一名跳起在空中的队员都有权落在自己起跳的位置，或落在起跳前未被对手占据的位置。

从背后来的身体接触不是正常的篮球比赛动作。在背后的队员通常要对身体接触负责。发生了身体接触由造成身体接触的人负责。

2. 规则对身体接触与侵人犯规的若干规定

（1）合法的防守位置。双脚以正常跨立姿势着地；手两臂向上伸直，两脚间的距离与身高成比例。

（2）防守控制球的队员和不控制球的队员。

① 不控制球的队员和任何防守他的对手必须考虑时间和距离的因素，即都不能离对手太近。如果队员在上位时忽视了时间和距离的因素并发生身体接触，则他应对接触负责。

② 在防守控制球的队员时，时间和距离的因素可置之不顾。

（3）谁先到达某处，谁就有权通过。判断阻挡与撞人的主要依据有以下两点：进攻队员的头和肩部已越过对手并发生了接触，判防守队员阻挡；进攻队员以胸或肩撞在处于合法防守位置的对手的躯干部位，判进攻队员撞人犯规。

（4）队员的位置与球的关系。双方队员为抢球而发生身体接触，宣判犯规时必须考虑双方队员距球的位置。如队员从对方队员的旁边或后面位置上去抢球，而对方已占据有利位置时，发生身体接触，前者负责；如双方面对面均处于有利位置，发生身体接触可不予考虑，除非队员用臂、肩、臀或腿将对方推离。

（5）垂直原则。队员对直接在他们上面的空间拥有权力。防守队员不能将双臂放在进攻队员上方，以阻止进攻队员垂直起跳和投篮。进攻队员不能斜着跳起而撞在处于合法防守的队员身上。

（6）腾空的队员。从场上某处跳起在空中的队员有权不受对方妨碍再落到原地点上，也可落在场上另外在起跳时没有被对手占据的地点和从起跳点至落地点之间的直通路径。当对手已跳起在空中后，队员不得移至对手的路径上。

（7）手测。当对手位于某队员的视野之外时，偶尔的触及是合法的。

（8）合法掩护与非法掩护。掩护对手的队员在掩护时两脚着地未移动为合法掩护；掩护对手的队员在移动中进行掩护并与被掩护的队员发生身体接触为非法掩护。

3. 几种特定的犯规及其罚则

（1）技术犯规。队员或教练员及随队人员违反规则，漠视裁判员的劝告或有不正当、不道德的行为都将被视为技术犯规。技术犯规不包含身体接触。

罚则：竞赛中，队员的技术犯规判给对方队员一次罚球和在中场掷界外球；竞赛休息期间，所有人员的技术犯规均判给对方队员两次罚球；竞赛中，球队席上的人员技术犯规，判给对方队员两罚一掷。

（2）违反体育道德的犯规（见图4-3）是指依裁判员的判断，使用超出规则的精神和意图及不合理的动作进行比赛而造成的侵人犯规。裁判员应依据下列原则来判定。

如果一个队员不是以打球为目的而发生身体接触。

如果一个队员以打球为目的，但造成过度地身体接触。

如果一名队员拉、打、踢或故意地推对方。

图4-3 违反体育道德的犯规

（3）取消竞赛资格的犯规是指任何技术犯规、侵人犯规、违反体育道德的犯规等十分恶劣的不道德行为。罚则为要登记犯规队员一次取消比赛资格的犯规；他要被取消比赛资格；要判给非犯规队罚球和随后的球权。

（4）双方犯规（见图4-4）。双方队员同时犯规，比赛应以下列方式重新开始，若双方犯规发生时，球投中有效，则由投中队对方在端线上掷界外球。

双方犯规发生时，若一队控制球或被判给球权，则由该队在离犯规发生最近处掷界外球；若双方均未控制球或未判给球权，则进行交替拥有。

图4-4　双方犯规

（5）特殊情况下的犯规。几乎同时发生多起犯规，在此情况下的处理原则：登记每个犯规队员一次犯规；罚则相同要相互抵消，比赛要在最近的圆圈内以跳球重新开始；必须分出犯规的先后次序，按次序进行罚球；后面如有新的罚则，前面罚则中的掷界外球权将被取消。

（6）打架。在打架时，任何坐席人员离开球队席区域的界限应被取消竞赛资格，并登记教练员一次技术犯规，按教练员技术犯规进行处罚。

第二节　篮球竞赛裁判法

一、裁判员的职责与权力

1. 裁判员的组成

主裁判员、副裁判员、记录员、助理记录员、24秒计时员各1名。

2. 主裁判员的职责与权力

检查和认可所有用于比赛的器材。指定正式比赛计时钟、24秒钟装置、秒表，并确认记录台人员。在每节和决胜期的开始在中圈执行跳球。在必要时，有权停止比赛。当球队经裁判员通知后，如拒绝出场比赛或阻挠比赛进行时，裁判员有权宣布该队弃权。在第2节、第4节和任何决胜期结束时，仔细核对记录表，或必要时核准比分。在任何必要时或裁判员之间意见不一致时，做最后决定。有权决定规则所未提到的事项。竞赛开始前20分钟到达场地开始行使权力，竞赛时间终了时权力结束。

二、竞赛前的准备工作

1. 开好准备会

2. 做好准备活动

3. 赛前准备

竞赛开始前20分钟进入场地，与记录台取得联系，检查竞赛设备，选择竞赛用球，观察球队练习情况，主裁判员宣布离竞赛开始还有3分钟。

三、临场裁判员的名称及分工与配合

1. 名称

执行裁判与配合裁判；前导裁判与追踪裁判。

2. 两裁判员的工作原则

监控原则；捅进原则；寻找缝隙原则；保持移动原则。

3. 追踪裁判员的主要职责

2分投篮和3分试投；若某一队员投篮，球离手前，是否该节时间已到或发生了24秒违例；篮圈水平面以上发生的情况，干涉得分和对球干扰；篮板球情况，特别注意外线队员；有球和无球掩护，用手触摸对方；低策应区，特别是弱侧；不在前导裁判员附近的犯规；带球走违例；接近前导裁判员及靠近球篮；24秒钟装置；当球不在其主要职责区域内时覆盖无球区域；自己左侧的边线及中场线、球回后场；8秒违例。

4. 前导裁判员的主要职责

篮下发生的情况；中锋策应情况；整个限制区内的活动；掩护（绝大部分无球掩护）；抢篮板球情况（抢篮板时推人）；接近球篮的投篮情况；自己左侧的边线及端线。

5. 临场裁判员的分工与配合

（1）比赛开始时为裁判员的分工与配合。

主裁判：鸣笛通知离比赛开始还有1分钟与副裁判用手势联系进入中圈抛球（不衔哨，抛球后不动，成为追踪裁判）。

副裁判：两脚骑跨中线站立（衔哨，做开表手势）与主裁判和记录台联系，观察违例及犯规担任前导裁判。

（2）跳球时的分工与配合。中圈跳球与两个罚球圈跳球时的两种跑动线一致。竞赛中宣判争球，应在宣判后换完位，由面对记录台的裁判员担任执行裁判。配合裁判总是担任前导裁判。

（3）半场的区域分工和配合（见图4-5）。

前导裁判员负责的区域：4、5区及队员在6区向篮下切入时。

追踪裁判员负责的区域：1、2、3、5、6区，5区为共管区。

当球在追踪裁判的区域时，由追踪裁判负责观察球及球周围的情况，前导裁判观察无球区及3秒违例；当球在前导裁判的区域时，由前导裁判负责观察球及球周围的情况，追踪裁判观察无球区及3秒违例；当球在共管区时，两人共同观察。

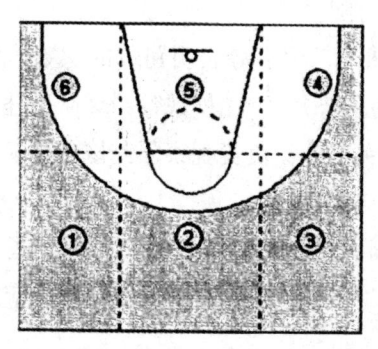

图4-5 半场的区域分工及配合

裁判员的移动：追踪裁判的移动，向下不应超过罚球线的延长线，向前不应超过三分线，向内不应超过球场的中枢线，宣判时的距离应为3~5m。前导裁判的移动是沿着底线，面向球场迎着进攻方向，从他左侧的分线至右侧的限制区底角。

裁判员的位置：位置选择的原则，能看到攻守队员之间的缝隙和球周围的情况，两裁判员的视线始终"夹"着球和10名队员。

全场进攻时的移动：前导裁判员在进攻方向的右侧跑在球的前面，追踪裁判员跟在进攻方向的左后方距球3~5m。

（4）裁判员负责的线与掷界外球时的配合。

裁判员所负责的线：前导裁判员负责进攻方向右侧边线与前场的端线，追踪裁判员负责左侧边线与中线。

各种位置上掷界外球的配合：后场掷界外球时，追踪裁判担任执行裁判；前场掷界外球时，只有在前场右侧边线从罚球线的延长线至端线的距离内和端线外掷界外球时，由前导裁判担任执行裁判，其余均由追踪裁判执行。

（5）投篮时的分工与配合。

当投篮的球在空中时，追踪裁判应负责观察球的飞行、攻守双方有无干扰球违例、球是否中篮。前导裁判负责观察篮下队员的肩部以下动作有无犯规。在4区出现3分投篮和快攻中出现3分投篮时，前导裁判负责做出3分预投手势（协助追踪裁判）。

（6）宣判犯规时的配合。

当一名裁判员宣判犯规后，另一裁判员不要急于捡球，应先观察场上队员的行动并协助宣判裁判记住犯规队员的号码及投篮的球是否中篮，然后再去拿球。

（7）罚球时的分工与配合。

执行裁判：进入罚球区，用手势表明罚球的次数，将球递交给罚球队员，退出罚球区做罚球次数的手势并默计5秒观察罚球队员违例、中篮、干扰球等。

配合裁判：负责第2次罚球，负责观察限制区两侧队员的违例与犯规。

（8）暂停时的分工与配合。

暂停时，由靠近记录台的裁判员担任执行裁判，配合裁判持球站在暂停后竞赛重新开始的地点；如果暂停后需要罚球或跳球，应站在罚球区和应该跳球的圆圈内。

（9）宣判的程序。

宣判违例的程序：鸣笛并做出停表手势→违例类型手势→新的进攻方向（球出界直接指向新的进攻方向）。

宣判犯规的程序：鸣笛并做出停表手势（另一手臂和手掌斜下方伸出，掌心向下指向犯规队员腹部以下）→投篮有效或无效手势（如属控制球的队员犯规，迅速做出控制球队犯规手势）→向记录台宣告投篮有效或无效手势及犯规队员的号码→犯规性质→新的进攻方向和罚则（控制球队犯规手势）。

宣判犯规、争球后裁判员换位的方法：宣判争球与犯规后两裁判员应互换位置，换位时沿右侧进行移动。跳球时，由换位后面向记录台的裁判员执行跳球；罚球时，由换位后的追踪裁判执行罚球。

（10）每半时终了和决胜期的分工与配合。

追踪裁判重点观察场地投篮情况和投篮时有无犯规，前导裁判注意观察计时钟的时间。

四、竞赛结束后的工作

主裁判审查记录表，副裁判、主裁判依次签字，裁判员的权力即告结束。

第三节 篮球竞赛的记录台工作

记录台人员包括计时员、24秒计时员、记录员、助理记录员各一人。

一、计时员的工作方法

1. 开动竞赛计时钟

在跳球时，球被跳球者合法拍击时；罚球不成功且球继续是活球，球触及场上一名队员之际；掷界外球时，球触及了一名场内队员之际。

2. 停止竞赛计时钟

在一节或决胜期比赛时间终了时；当球是活球时，一名裁判员鸣哨；当球是活球时，24秒钟装置信号响；某队已请求暂停，对方队投篮得分时；在第四节或任何决胜期的最后两分钟内，投篮得分。

二、24秒计时员的工作方法

1. 开动24秒钟装置

一旦队员在场上获得控制活球时，就启动或重新启动24秒钟装置。

2. 停止24秒钟装置

一旦出现下列情况就停止或重新设置24秒钟装置：当因犯规、跳球或违例裁判员鸣哨时，但不包括球出界判给原控制球的队员掷界外球；投篮球进入球篮；投篮球触及篮圈；由于控制球队对方的某些行动使比赛停止。

3. 24秒连续计算

当原控制球的同一队由于如下的结果被判给掷界外球时，停止但不重新设置24秒钟装置：球出界；双方犯规；任何因控制球队的原因引起的比赛停止。

三、记录员的工作方法

1. 记录表的记录方法

（1）赛前应填写的部分。

（2）暂停的记录方法。

（3）犯规的记录方法。

（4）累积分的记录方法。

（5）每节结束时的记录方法。

（6）竞赛结束后的记录方法。

2. 宣告工作

（1）暂停的时机。

① 球成死球并停止竞赛计时钟时，以及裁判员与记录台联系报告完犯规或违例之后。

② 对方投篮得分，在对方投篮之前或之后要求了暂停。

③ 罚球中间发生犯规，在执行新罚则发球未进入竞赛状态时。

在正规的比赛时间内，每队可准予5次暂停。上半时的任何时间可准予2次暂停，下半时的任何时间可准予3次暂停，在每一决胜期的任何时间可准予1次暂停。未用过的暂停不得遗留给下一个半时或决胜期。

（2）换人的时机。

① 某队请求暂停被允许后。

② 宣判了犯规或争球后。

③ 违例后只有掷界外球的非违例队可要求替换队员。

④ 最后一次罚球成功后，只有罚球队员可以被替换。

⑤ 在比赛第四节最后两分钟或任何决胜期中对方投中得分而本方已请求替换时。

四、助理记录员的工作方法

助理记录员坐在记录员旁边并协助其工作。他的职责是操作记录板装置以使实际得分、队员及两队犯规次数与记录表保持一致。

第五章

篮球教与学的评价

一、篮球动作评价标准

1. 原地单手肩上投篮

评价方法：罚球线后每人罚球10次，计命中率。

评价标准：

成绩	优	良	中	差
达标	投中6个球	投中4~5个球	投中2~3个球	投中0~1个球
技评	整个动作完成得好，全身用力协调，出手动作、投篮弧度正确，球的落点集中	整个动作完成较好，全身用力比较协调，出手动作、投篮弧度比较正确，球的落点比较集中	整个动作基本能完成，全身用力基本正确，出手动作、投篮弧度基本正确，球的落点分散	整个动作基本完成，全身用力、出手动作、投篮弧度某方面有问题，球的落点分散

2. 运球接行进间单手肩上投篮评价方法

从一侧中线与边线交点处开始，运球快速跑向球篮接行进间单手肩上投篮（如投篮不中需补投中篮），然后，运球到另一侧中线和边线交点处后，迅速运球折回到篮下投篮，投中后返回出发点，以所需时间确定成绩。如图5-1所示。

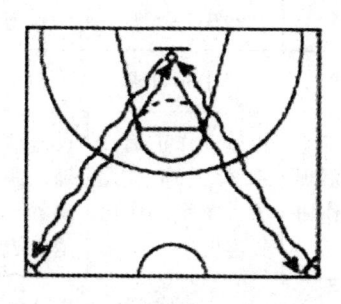

图5-1 运球接行进间单手肩上投篮评价方法

评价标准：

成绩		优	良	中	差
达标	男生	17"	19"	21"	21"+
	女生	19"	21"	23"	23"+
技评		整个动作完成正确，并且协调流畅，运球、上篮动作无违例现象	整个动作完成正确，并且比较协调，运球、上篮动作基本无违例现象	整个动作基本能完成，运球、上篮动作有时有违例现象	运球或上篮动作不能完成，运球、上篮经常违例

3. 男生做三秒限制区外30秒跳起投篮，女生做三秒限制区外30秒原地投篮

评价方法：在罚球线后，投篮开始，然后自己去拿篮板球，运球至三秒限制区外任一点再投，反复进行，在30秒时间内计投中次数。如图5-2所示。

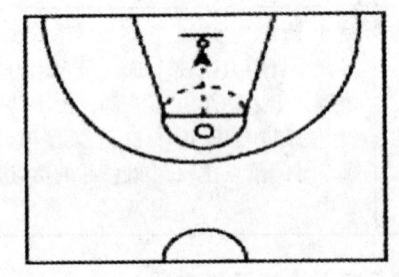

图5-2 三秒限制区处投篮评价方法

评价标准：

成绩		优	良	中	差
达标	男生	投中6个球	投中4～5球	投中2～3球	投中0～1球
	女生	投中5个球	投中3～4球	投中1～2球	一球未中
技评		投篮动作正确、标准，无违例现象，整个动作协调连贯	投篮动作正确，基本无违例现象，整个动作比较连贯	投篮动作基本正确，偶尔有违例现象，整个动作基本完成	投篮动作不正确，经常有违例现象，整个动作不能完成

二、学生自我评价表

班级_____ 姓名_____ 性别_____

	完成情况				请填出原因			
	优	良	中	差	技术	素质	思想	其他
10次罚球								
运球行进间投篮								
30秒三秒区外投篮								
运用技、战术能力								
总评								

三、教师评价的注意事项

（1）除评价主要动作的掌握程度外，要注意掌握动作过程中的评价，以提高学生在学习过程中的思维能力。

（2）影响动作掌握与运用的因素，除身体素质、理解能力外，还有思想情绪的因素，有时学生学习主动精神不够，精神不集中会直接影响技能的形成和掌握，所以，教学中应对学生的学习态度进行适当评价，但应以正面引导为主。

（3）评价应注意区别对待，以每个人进步的幅度进行评价，也是教学评价的重要手段之一，应结合整体评价进行。

（4）教学评价应与教学目标相对应，评价是为了更好地激励和促进学生向正确的方向努力，以更利于学生身心的发展。

排球

第一章

排球运动概述、简介和特点

第一节 运动起源

排球运动源于美国，如图1-1所示。1895年，美国马萨诸塞州（旧称麻省）霍利约克市，一位叫威廉·摩根的体育工作人员发明了这项运动。当时，网球、篮球很盛行。摩根先生认为篮球运动太激烈，而网球运动量又太小。他想寻求一种运动量适中，又富于趣味性，男女老少都能参加的室内娱乐性项目，就把当时已广为流行的网球搬到室内，在篮球场上用手来打。这种游戏开始时，他将网球网挂在篮球场上，用篮球隔网像打网球一样打来打去进行游戏。但室内篮球场面积较小，网球容易出界。于是，他作了某些改进：一是把网球允许球落地后再回击的规则改为不许落地；二是把网球的体积扩大；三是篮球太大、太重，不能按预想的方式进行游戏，便改试用篮球胆。篮球胆太轻，在空中飘忽不定，玩起来不便，难于控制，但因经过试用效果很好，就决定采用这种球。现在排球的国际标准用球虽历经百年，进行了千百次的改进，但球的规格和第一代的球几乎差不多。

图1-1 排球运动

第二节　规则发展

第一个排球规则是美国人卡麦隆先生通过斯波尔丁体育出版社出版的。当时它规定采用"轮转制""每局15分"，1918年又做出了上场人数为6人的规定。从此，欧美开始流行6人排球。图1-2为排球比赛场面。

斯普林菲尔德学院是排球的发源地，该院的青年会是最早传播排球运动的组织。基督教青年会的干事、传教士、春田学院毕业的学生，以及参加第一次世界大战的美国军队，都成为排球运动的初期传播者。排球于1900年第一次传入加拿大。同年，传入亚洲的印度。

图1-2　排球比赛

1914—1918年，在第一次世界大战期间，美国军队将排球带到欧洲。至于排球是于何时何地由何人介绍到中国的，已无法考证。但现有的历史资料表明，早在1905年，在中国的南方广州、香港等地就已开展了排球活动。在排球运动传入我国的初期，除一些教会学校开展并传播外，基督教青年会在推广和传播这个项目上，也起到了相当大的作用。

排球运动在1900年传入亚洲，在开展的初期，上场人数不是6人而是16人。据菲律宾排球介绍人美籍F.S勃朗先生说："当时美国有体育馆，较适合于6人制排球。亚洲人多，又多在室外进行，要考虑多数人能参加排球运动。"因此，F.S勃朗先生和F.H勃朗先生向菲律宾和日本介绍的都是16人制排球。故在1913年的第一届远东运动会上采用16人制。1919年第四届远东运动会上演变为12人制；1927年第八届远东运动会上演变为9人制；1950年7月，在中华全国体育总会举办的全国体育工作者暑期学习会上，首次介绍了6人制排球规则与比赛方法，1951年正式采用6人制。从此，6人制排球在全国逐步地开展起来。

第三节　排球简介与排球运动特点

排球比赛的场地长18m，宽9m，中间用球网隔开。男网高2.43m，女子网高2.24m。比赛时双方各据一边，每队上场队员六人，分前后排站立。

比赛开始，由一方后排右边队员在罚球区内，用单手将球直接发过网，然后双方按照排球竞赛规则将球击入对方场内，如运用垫球、传球、扣球、拦网等技术动作，组织进攻和防守，而不使球落入本方场内。如图1-3所示。

图1-3　排球比赛中的双方

排球运动同其他球类运动项目一样，通过教学训练可以发展力量、速度、灵敏、弹跳、耐力等身体素质；提高人体中枢神经系统和内脏各个系统器官的功能，增进身体健康；培养勇敢、顽强、机智、能吃苦的精神。

（1）广泛的群众性。由于排球运动场地设备简单，比赛规则容易掌握，既可在体育馆进行比赛和训练，也可以在一般空地上练习；运动量可大可小，因此，适合于不同年龄、不同性别、不同体制、不同健康情况和不同训练程度的人。

（2）激烈的对抗性。排球比赛中不断由攻转守，在激烈快速的对抗中进行。有时一场比赛可进行两个多小时。如图1-4所示。

图1-4　激烈的排球比赛

（3）高度的技巧性。规则规定，在排球比赛中，球不能在手中停留时间过长，球也不能落地，每人不得连续击球两次，每方击球不得超过三次，对时间、技巧要求很高，从而体现出排球运动高度的技巧性。

（4）技术全面性。排球比赛规则规定，在排球比赛过程中，要求位置进行轮换，每个队员的动作都是在集体配合中进行的，如果没有两人或两人以上的密切配合，是无法发挥个人技、战术的作用的。不论是一传、二传、扣球，还是接扣球进攻中的拦网、防守、二传、扣球等都是一环扣一环串联的。如果一个环节配合不当，势必直接影响全局。一个排球队水平越高，其集体配合的默契程度就越高。

第二章

排球技术

排球技术是指队员在排球比赛过程中，多采用的合理击球动作和为完成击球动作而必不可缺少的其他配合动作的总称。发球、传球、垫球、扣球和拦网为完整的击球技术。准备姿势、移动、起跳和倒地动作为配合技术，被称为无球技术。合理的击球动作首先要符合规则要求，应符合人体解剖学、运动生理学的原理，同时也要结合个人的特点。完成动作时要做到"协调、轻松、正确、有力"，并能充分运用时间和空间的变化。在掌握技术过程中，必须遵循"全面、熟练、准确、使用"的原则。

第一节　准备姿势和移动

技术要点：身体保持向前倾，双目敏锐地注视着目标，两脚左右开立，稍比肩宽，一脚稍前，脚跟稍提起，膝关节保持一定弯曲，两臂自然放松弯曲，双手置于腹前，身体适当放松，两腿始终保持微动。

移动的步伐主要有：并步、滑步、交叉步、跨步和跑步。

易犯错误：有意提脚跟、全脚掌着地、直腿弯腰、臀部后坐。移动时启动慢，身体起伏大，重心过高制动不好，制动后不能保持准备姿势。

1. 移动的准备姿势

（1）准备姿势中应以半蹲准备姿势为教学重点内容，稍蹲准备姿势为次。在初步掌握传、垫和扣球技术后，再结合学习后排防守的准备姿势。

（2）讲解准备姿势技术动作后，可做侧面示范，讲解准备姿势的种类和作用。讲解动作方法时，可边讲边示范，并让学生跟着模仿。动作顺序是：两脚自然开立→双腿释放屈膝→上体前倾，重心前移→抬起手臂→两眼看球（教师将球举起）→全身保持待发状态。

（3）练习时可让学生分两排站立，轮流做准备姿势和检查另一个人是否保持待发状态。同时，互相分析和纠正动作。

（4）准备姿势单独进行教学时间应少而精，在同一时间，可以与移动结合进行教学，并与各项技术一同练习，要求学生随时做好合理的准备姿势，养成良好的习惯。

2. 脚步学习

（1）先从半蹲准备姿势开始，做慢动作示范后，让学生试做起动动作。然后，分别练习稍蹲、半蹲准备姿势、启动。

（2）进行移动应以并步、滑步、交叉步、跑步、跨步的顺序进行，一般安排在一节课的前段，可结合发展反应、灵敏、速度、协调等身体素质的要求同时进行。

（3）可在各种准备姿势开始，让学生根据教师的手势方向，由慢到快进行各种步伐的练习。

（4）在初步掌握步伐后，可用规定步伐进行接力比赛或安排学生面对面地向各方向做移动练习，而后再做各种转身后的移动练习。

（5）学生在快速移动时，教师突然发出"制动信号"，要求学生根据技术要求，做各种制动练习。

第二节　发球

一、技术动作和要点

1. 侧面下手发球

技术要点：腹前低抛球，转体带摆臂，击球后下部，手腕包击推压球。

2. 正面下手发球（见图2-1）

图2-1 正面下手发球

技术要点：平托抛球不拖腕，转体收腹摆臂，全掌击中球中下部，手腕击推压球。

3. 正面上手发球

技术要点：平托抛球不拖腕，转体收腹兼挥臂，全掌击球后中部，手腕包击推压球。

4. 正面上手发飘球

技术要点：抛球稍前又稍低，挥臂力量穿球心，掌跟击球不屈腕，击球突停球易飘。

发球易犯错误：发飘球时抛球不稳，高低不当；挥臂太慢，不呈直线；抛击配合不协调。发大力球时抛球不稳不准、击球用不上全身力量、手掌未包满球。高飘球在基础教学中利用率不高，因此，作为介绍技术指导。

二、发球教学

发球教学顺序

（1）发球教学可按正面下手发球（女生侧面下手发球）、正面上手发球、正面或勾手飘球顺序进行。先学下手发球，是因为下手打球技术易掌握，初学者在打比赛过程中可使用，也可为学习发球树立合适的对立面。

（2）发球讲解与示范。先做完整发球示范，然后按顺序做准备姿势、抛球、击球方法分解动作，并讲解清楚动作要领，最后做完整示范。

（3）不同发球动作的发球步骤基本相同。

① 徒手初步体会动作。

② 抛球，领会抛球位置及高度。

③ 击固定球，体会挥臂动作、击球和手型。

④ 面对墙壁或挡网发球，学习抛球和击球动作协调配合。

⑤ 按抛球以挥臂节奏练习击球动作。

⑥ 两人一球，在边线外对发，不求力量，练习重点主要是掌握正确动作。

⑦ 端线外对发，注意力应放在动作的正确性上。

⑧ 发球区轮流发球，进行个别纠正。

（4）徒手练习。可安排学生以分组形势，对发球动作进行完整或分解练习，体会动作过程，获得肌肉运动的正确感觉。教师可根据动作要领及动作节奏用口令控制学生的动作来完成练习。

（5）结合动作练习。对抛球、挥臂击球动作进行分解练习，先做准备姿势及抛球，教会学生抛球及引臂的正确配合，掌握抛球的路线、高度。练习挥臂击球，练习击球可先将球固定在击球点练习，以体会正确抛球与挥臂的关系，再进行抛球后挥臂击球练习，以体会正确用力与击球部位的关系。以上练习可面对墙壁或球网练习，也可两人对练。

（6）完整发球技术练习。先在距网4m处发球过网，在此基础上逐步后退，直至发球区。这样可以避免学生由于心理上紧张而影响挥臂击球动作的准确性。

（7）发球方向固定区域及固定目标练习。正确掌握发球技术，提高发球的准确性与成功率，教师固定目标。为不改变发球技术动作及手法，应学会利用站位远近和身体方向来调整发球的落点及路线。

（8）在比赛过程中运用发球技术。比赛前，对每人发球技术运动提出一定要求，并进行临场观察与统计，比赛过程中或赛后进行总结与纠正，逐步提高发球质量。

第三节　传球

一、技术动作、要点及易犯错误

1. 双手正面传球

技术要点：额前迎击球，触球手张开，蹬地伸臂送，指腕缓冲弹，向后上方送（见图2-2）。

图2-2　双手正面传球

2. 背传

技术要点：上体稍直，额上迎击球，挺胸手后仰，触球手张开，指腕缓冲弹，向后上方送（见图2-3）。

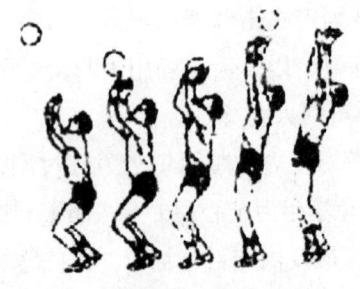

图2-3　背传

3. 侧传

技术要点：额（侧）前迎击球，触球手张开，侧向臂稍低，指腕缓冲弹，蹬地侧身伸臂送（见图2-4）。

图2-4　侧传

4. 跳传

技术要点：垂直向上跳，额前迎击球，出球手张开，伸臂快而大，指腕缓冲弹（见图2-5）。

5. 传球易犯错误

手型不正确，不是半球状；击球点过线或过高；用力不协调，过早或过晚出手；手指弹力差或用不上手指力量（见图2-6）。

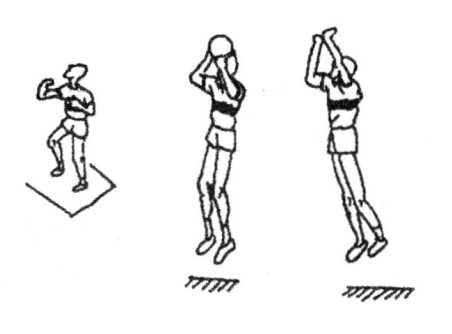

图2-5　跳传 　　　　　　　　　图2-6　错误传球

二、传球教学顺序

（1）传球教学应放在准备姿势移动之后进行。应首先教授正面双手传球，再教授背传。每项传球技术动作都应先从原地开始练习，然后在移动条件下练习。传球抛物线应从4m左右中距离，距网上2～3m高球开始，最后学习调整球及传球，即从一般传球过渡到初级二传，进一步学习各种战术传球。

（2）传球讲解。首先讲解清楚传球的作用，并结合示范逐步分段讲述动作过程及技术要领。讲解内容如下。

① 传球前准备姿势。

② 传球过程中手型及击球点位置。

③ 传球用力方式及全身协调动作。

④ 传球适合抛物线。

⑤ 手指、手腕动作。

⑥ 传球后保持再次准备击球要求。

（3）传球技术示范应先做好完整动作示范，再边讲边示范。示范及讲解顺序为：脚的站立方法→下肢肌肉→腰髋关节→上体肌肉→手臂动作→手臂位置→手型→击球点→协调用力。

（4）传球练习顺序。从徒手模仿开始练习，再结合球进行实际练习。

① 做好传球姿势后在教师口令指挥下依次做好蹬地、展体、伸臂击球

动作。

② 两人一球，一人用正确传球手型持球于额前上方击球点处，另一人取下，自我或互相观察手型。

③ 两人一球，一人抛球至传球者上方，传球者用正确手型在击球点上将球接住，并观察手触球部位是否正确，进而再移动练习。

④ 抛传球练习。向上自抛（40～50cm），当球落入手中，手指和手腕保持一定弹性，使球轻轻反弹起来，逐步过渡至连续向上自传球。

（5）双手对练顺序。从两人一球近距离一抛一传、一抛一自传、两人对传、自传依次后传给对方、一人原地另一人移动传球、双人移动传球、一人平传球一人高抛物线传球、隔网对传、顺网对传、最后是二传。距离、难度逐渐加大，并要求准确性。

双人传球练习中要求传球时有向前移动迎球动作，传球后练习后退步返回原处，以保持较宽接球面及养成向前移动接球的良好习惯。

第四节 垫球

一、技术动作、要点及易犯错误

技术动作：正面双手垫球。

技术要点：迅速移动正对球，两臂夹紧插球下，抬臀送体，手腕下压，蹬腿重心前移（见图2-7）。

图2-7 正面双手垫球

垫球易犯错误：两臂与身体夹角太小；击球部位不准；不能协调用力；两

臂撩球；两臂反射角不佳。

二、垫球教学顺序

（1）垫球技术种类多，运用广。因此，要根据学生的具体情况及动作结构、难度，先易后难安排教学。首先，教授学生原地正面双手垫球，再教授侧垫、跨步垫球及移动中垫球。在动作熟练后，可进行接发球及接扣球等技术教学。

图2-8　垫球

（2）垫球技术动作较多，教学过程中应先讲解垫球的作用，然后边讲边示范动作。特别要求教师讲清楚手型、击球点及迎击球动作，要有重点地讲解示范。示范过程中，要从正面、侧面两个方面交替进行，要让学生看清楚。

（3）徒手模仿。先从手型练习，教师一一检查、纠正，并按口令将两臂分开、合拢。在基本掌握手型之后，试做身体动作，并按照口令做完整徒手动作。先由原地垫球徒手练习，逐步过渡至移动垫球徒手练习，并按照教师的手势，练习各个方向移动垫球。

（4）徒手练习。

① 集体练习。全体学生站立成四列横队，面对教师站立，在教师口令下，集体徒手模仿垫球练习。要求：按插、夹、抬动作技术要点体会垫球的全过程。

② 两人练习。

a. 两人一组，一人用一手垫球在另一人大臂下面，另一只手压在另一人小臂垫击面上，被压人做徒手垫击技术动作。要求：两臂肘关节伸直，做完整垫球技术动作，体会击球瞬间用力时肌肉的感觉。

b. 两人一组，一人持球置于另一人小臂垫击球的部位，后者做垫球动作。要求：体会正确的击球部位及击球点。

第五节 扣球

一、技术要点及易犯错误

技术要点：预判助跑向上跳，挺胸展腹反弓身，挥臂转体（收腹）边击球，屈膝缓冲脚掌落地（见图2-9、图2-10）。

图2-9 扣球时的击球点

图2-10 扣球

扣球易犯错误：①助跑时机不当；②助跑起跳前冲；③击球点保持不好；④挥臂没有鞭打动作；⑤击球时手包不满球，球不旋转。

二、扣球教学顺序

（1）应在掌握传球、垫球之后学习扣球。首先，学习正面扣球技术，在此基础上学习其他扣球技术动作。吊球技术应稍后学习。

（2）扣球技术较复杂，对初学者宜采用分解教学方法，依次将助跑、起跳和挥臂扣球技术分解讲授，在基本掌握后再做完整的扣球练习。

（3）扣球应先从4号位一般扣球开始练习，接着学习2号位扣球技术，在此基础上学习3号位扣半快球。调整扣球是一项实用性很强的扣球技术，不过难度很大，应放在基本掌握上述扣球技术后再进行教学。

（4）在讲解扣球技术的作用与动作方法后，教师应进行完整正面的扣球示范，着重于技术动作的正确性，而不是单纯追求扣球的力量，以使学生了解扣球的全过程，建立正确扣球技术的概念。

（5）边讲解边示范进行分解教学的同时，要强调各个技术环节的关键性，可以在原地做分解动作示范或徒手示范，包括正面、侧面示范，然后再结合球进行突扣示范。

（6）助跑练习。

① 随教师口令及示范动作练习原地起跳，要求手臂摆动与下肢肌肉群蹬地动作协调、连贯。练习可在网边进行，但不可触碰到网。

② 随教师口令及示范动作练习右脚跨一大步→左脚迅速跟上起跳，即完成一步助跑动作。例如，跨右脚要求有腾空跨跳动作，并有制动动作。左脚跟上起跳时，要求左脚在右脚左前方且有爆发力。练习过程中，还应注意手臂协调配合，练习应由慢到快进行。

③ 按教师口令及示范动作练习左脚出半步→右脚跨步→右脚跟上，双脚起跳→落地缓冲即完成二步助跑起跳动作。以上练习应结合网进行，使学生了解人与球网之间的关系。

④ 用一步、二步助跑起跳摸吊球，一方面建立击球点的概念，一方面检查助跑起跳是否前冲过大。

（7）原地扣球练习。

① **徒手模仿扣球练习**：随教师口令及示范做徒手扣球动作，并注意扣球节奏，手臂放松，做出鞭打动作。

② **扣球练习**：同伴立于扣球者手臂外侧，将球持于扣球者击球点位置上，扣球者做挥臂动作练习，要求手臂甩动，手包满球。

③ **一抛一扣练习**：两人面对面站立，距离3~4m，一人抛球至另一人头上方，练习挥臂击球动作或体会甩腕动作。抛球要稳，击球动作要放松，不能太用力，注意有推压动作，打出上旋球。

④ **自抛自扣练习**：两人面对面，相距6~7m，自抛自扣或对墙扣，或在矮网（网高与扣球者眼部相齐）前扣球。练习时，抛球要稳，高度在网上1m左

右，抛球与引臂、挥臂击球动作要协调配合，注意手包满球，手腕稍有推压动作，扣出上旋球。

⑤扣抛球练习：抛球者站立在扣球者右侧1m左右，抛出接近垂直地面的球，另一人对墙扣，或对网扣。二者距离由近到远，抛球的抛物线由低到高，逐步用传球来代替抛球。

（8）在学生分段练习扣球技术有一定基础后，可以进行完整原地扣球练习及助跑扣球练习，以加强分段动作之间串联，为了能保持正确的击球点，可从原地起跳逐步过渡到多步助跑扣球练习。例如，徒手扣树叶练习，扣固定球等。要求动作连贯，保持好击球点。

（9）4号位初级扣球练习。

①扣斜线（扣对方5号位区域）力量较大，击打上旋球；二传球抛物线不宜过高，一般高于网1.5~2m为好。二传球离网50~60cm扣球。落地动作要缓冲，防止过中线。

②扣近网斜线（扣对方4号位与5号位之间）。二传球离网30cm左右，扣球时，小臂速度要快，鞭打手腕动作要明显。

③扣直线球：扣球的击球点应略向左肩前上方，击球部位在球右后上部，一般常用含胸收腹带动手臂手腕做快速鞭打动作。

第六节　拦网

一、技术动作、要点及易犯错误

1. 单人拦网

技术要点：拦网判断是关键，垂直起跳莫提前，提肩压腕张手捂，看清动作拦路线。

2. 集体拦网

技术要点：判断正确快移动，同时起跳保距离，一人为主他人辅，伸臂过网拦（见图2-11）。

图2-11　集体拦网

3. 拦网易犯错误

① 起跳时机不当；② 起跳后身体接触到网；③ 双手前扑触网；④ 手离网太远；⑤ 盲目拦网，不看扣球者的动作。

二、拦网教学程序

（1）拦网技术的教学应在基本掌握和了解扣球技术后进行。教学顺序为单人拦网、双人拦网、三人集体拦网。

（2）拦网教学应先学习拦网手型，再学习原地起跳及移动起跳，最后为完整拦网技术。拦网移动步伐应先学习并步及滑步，再学习交叉步、跑步。

（3）教师做拦网完整技术示范时，要先介绍拦网的作用，再分段示范并讲解拦网各环节的动作过程。示范时要求学生从身体侧面观察身体的运动轨迹、手臂与网之间的距离。让学生从正面观察拦网手型。进行空中动作示范时，可以把球网高度降低，做原地示范。学习拦网过程中，可以让学生在网对面进行原地抛球，进行有条件下的拦网示范，提高示范效果。

（4）拦网手法练习。原地在低网上练习拦网手型，然后做原地扣球练习，体会手型与拦网时肌肉用力的感觉。可先摆好手型，扣球者对准拦网者双手自抛自扣，使拦网者寻找正确的发力时机。

（5）移动与起跳教学。向左右各移动一步、两步后起跳，要求动作连贯。

（6）完整拦网技术。

① 教师站立于网对面高台扣球，由学生练习原地或移动拦网，逐步过渡到拦固定路线，提高判断力。

② 对方在4号、2号位扣球，拦网学生在相对位置上进行拦网。扣球可先固定路线，固定动作，逐步过渡到变动作，变路线。

（7）集体拦网练习。集中体会双人拦网的分工及正确选位方法，避免碰撞及漏球，要求垂直起跳，由靠近边线队员选好位置，外侧手拦直线，3号位学生与其配合，重点拦斜线，四只手形成一个平面，手间距离不超过球的直径。练习时由对方扣球，然后组织拦网。

第三章

规则介绍

第一节 发球犯规

1. 发球击球犯规

（1）发球次序错误。未按照计分表所登记的发球次序发球为发球次序错误。

（2）发球区外发球。队员击球时或跳发球时，踏及场区或发球区外地面为发球区外发球错误。

（3）发球未抛球。发球击球时球未抛起或持球手未撤离。

（4）发球五秒。第一裁判员鸣笛后五秒内，发球员未将球击出，为发球五秒犯规。

2. 发球击球后犯规

（1）发出球触及发球队队员、未通过球网垂直面。

（2）界外球。

①发出球整个落点完全在场区界限以外的地面上；②发出的球触及场地外物天花板或未比赛队员等；③发出球触及标志杆、网绳、网柱或球网标志杆以外的部分。

（3）发球掩护。任何一名发球队员，以挥臂、跳跃或左右晃动等动作妨碍对方的接发球，而且发出球从对手上方飞过，则构成个人掩护。

第二节 击球时犯规

（1）四次击球。一个队连续四次（拦网一次除外）触球为四次击球犯规。

（2）持球。一名队员没有将球清晰击出，使球停止为持球犯规。

（3）连击。一名队员明显连续击球两次或球连续触及身体的不同部位（拦网一次除外）为连击犯规。

（4）借助击球。借助同伴或任何物体的支持击球为借助击球犯规。

第三节 队员拦网犯规

（1）过网击球。对方进行进攻击球前或击球时，在对方空间内触及球或对方队员为过网击球犯规。

（2）后排队员拦网。后排队员靠近球网，将手伸向高于球网处阻拦对方来球并触及球，为后排队员拦网犯规。

（3）拦发球。拦对方发过来的球为拦网发球犯规。

（4）从标志杆外伸入对方空间拦网并触球为犯规。

第四节 进攻性犯规

（1）后排队员进攻性击球犯规。后排队员在前场区内，或踏及进攻线（或其延长线），击整体高于球网上沿水平面的球，并使球整体由过网区通过网垂直面或触及对方的拦网队员，则为后排队员进攻性击球犯规。

（2）在前场区对对方发过来的、并整体高于球网的进攻性球，形成进攻性击球（如发球、吊发球等）为犯规。

第五节　不良行为（分四类）

（1）非道德行为。争辩、恐吓等。
（2）粗鲁行为。违背道德原则和文明举止，有侮辱性表示。
（3）冒犯行为。诽谤、侮辱性言语或手势。
（4）侵犯行为。人身侵犯或企图侵犯。

第四章

训练常识

1. 安全教育

（1）练习前做好充分准备活动，特别是下肢各关节的活动。

（2）应穿着运动鞋、服装、护膝及护踝等保护工具。

（3）救球时，学会自我保护。

（4）鱼跃垫球等高难度动作，一定要在教练指导下开展学习。

（5）接扣球练习时，最好不要配戴眼镜，一旦打到眼镜会伤及眼睛。

2. 手指挫伤处理

初学者练习排球，由于动作欠正确等原因，手指有时会受伤。传球动作不正确是发生手指挫伤的主要原因，所以，在练习前应做好手指、手腕各关节的准备活动，平时应注意手部柔韧性及力量性练习。一旦发生手指挫伤，要马上停止练习，进行冷敷、包扎。伤势重者应马上到医院做进一步检查。

3. 关节扭伤处理

我们在练习扣球技术时，由于落地动作不正确或意外原因，有时会不慎扭伤踝关节。遇到这种情况，要求立即停止活动，进行冷敷、包扎。伤势重者应马上到医院做进一步检查。一般情况下，24小时后改热敷或进行按摩，休息几天后，伤势会好转或痊愈。

第五章

考核内容及评分标准

二年级班

1. 考核内容

（1）技术部分70%（垫球、发球）。

（2）平时30%。

2. 考核标准

（1）垫球。

达标：两人对垫，相距4～5m，以来回数计分。

	60分以下	60～69分	70～79分	80～89分	90～100分
男生	0～9	10～11	12～13	14～15	16～20
女生	0～7	8～9	10～11	12～13	14～18
技术评定	移动等各项技术动作运用不合理，失误多，或不能完成	移动等各项技术动作运用基本合理	移动等各项技术动作运用较合理	移动快速、人球关系较准确、动作用力较协调、出球弧线等技术运用较合理	移动快速、人球关系准确、动作用力协调、出球弧线等技术运用合理

（2）发球。

① 达标：端线发球，每人发5个球，每个20分。

男生：正面上手发球。

女生：正面下手发球。

② 技评：

85～100分：击球等动作协调、熟练，力量运用合理，落点准确。

75~84分：击球等动作较协调、熟练，力量运用合理，落点准确。

60~74分：动作较规范。

0~59分：动作不规范，失误多。

三年级班

1. 考核内容

（1）理论20%（讲授的全部内容）。

（2）技术部分50%（隔网垫球、发球）。

（3）平时30%。

2. 考核标准

（1）垫球。

达标：两人隔网对垫，以来回数计分。

	60分以下	60~69分	70~79分	80~89分	90~100分
男生	0~11	12~13	14~15	16~20	20~24
女生	0~7	8~9	10~11	12~16	16~20
技术评定	移动等各项技术动作运用不合理，失误多，或不能完成	移动等各项技术动作运用基本合理	移动等各项技术动作运用较合理	移动快速、人球关系较准确、动作用力较协调、出球弧线等技术运用较合理	移动快速、人球关系准确、动作用力协调、出球弧线等技术运用合理

（2）发球。

①达标：端线发球，每人发5个球，按区域得分。

20	19	20
16	15	16
18	18	18

男生：正面上手飘球。

女生：侧面下手发球（女生若采用正面上手发球，另加20分附加分，100分为满分）。

102

② 技评：

85~100分：击球等动作协调、熟练，力量运用合理，落点准确。

75~84分：击球等动作较协调、熟练，力量运用合理，落点准确。

60~74分：动作较规范。

0~59分：动作不规范，失误多。

乒乓球

第一章

乒乓球运动的起源与发展

第一节 乒乓球运动的起源

据史料记载，乒乓球运动是由网球运动派生而来的，其雏形始于19世纪后半叶的英国。在英国伦敦有两位网球迷在餐馆就餐时讨论网球，用酒瓶上的木塞盖做球，以餐桌为场地，以大号雪茄烟的硬纸盒盖子当作球拍，在餐桌上打来打去，引来众人围观，餐厅女主人被这别开生面的活动吸引住了，不禁惊呼"Table Tennis"（桌上网球），很快这种活动演变成一种游戏传遍了欧洲许多国家。

最初的乒乓球记分方法有10分、20分、50分和100分不等，发球可以像网球一样直接发到对方台面，也可以将球先击到本方台面后越过球网再落到对方台面，球台和球网的大小、高度均无统一的规定，球拍形状为椭圆形长柄，用羊皮纸制作，采用木塞或橡胶为球。大约在1890年，英国越野跑运动员詹姆斯·吉布（James Gibb），在美国旅游时偶然发现一种用塞璐珞制成的空心玩具球，弹跳力很强，产生了用这种球代替软木和橡胶球的想法，他将这种球稍加改进，用于此项运动，随后在英国和世界各地逐渐推广开来。

由于当时普遍使用的是羊皮纸球拍，击球后和球碰台面发出"乒乓"的声音，人们模拟其声音称"ping pang"。1891年英格兰人查尔斯·巴克斯特把乒乓球作为商业注册名称申请了专利权，登记号码为19070号。为避免纷争，国际乒联至今仍采用Table Tennis（桌上网球）这个名字。汉语的乒乓球是从声音得名的，我国把这项运动仍然称为"乒乓球"。日本称其为桌球，国际上统称为Table Tennis（桌上网球）。

第二节　乒乓球运动的发展

1900年，英国成立了乒乓球协会，并在皇后大厅举行了大型的乒乓球比赛，开创了乒乓球正式比赛的先河。1926年1月5日，在德国勒赫曼博士的倡议下，他和英国的伊沃·蒙塔古、乔治罗斯、波佩，匈牙利的雅可比、密可罗维茨，以及奥地利、瑞典等国的代表，在德国柏林网球俱乐部召开了一次座谈会，会议决定成立临时国际乒联，并决定第一次国际乒联全体代表大会和第一届欧洲乒乓球锦标赛于当年12月在伦敦同时举行。1926年12月，由于接受邀请参加第一届欧洲乒乓球锦标赛参赛的9支代表队中除德国、匈牙利、威尔士、英格兰、奥地利、瑞典、捷克斯洛伐克、丹麦外，还有亚洲的印度，因此，国际乒联决定将原定的"第一届欧洲乒乓球锦标赛"名称改为"第一届世界乒乓球锦标赛"。比赛期间，在蒙塔古的母亲斯韦思林女士的图书馆里举行了国际乒联第一次全体代表大会，会议通过了国际乒联章程和比赛规则，英国乒协负责人蒙塔古先生任第一届主席直到1967年卸任。

国际乒联的成立和第一届世界乒乓球锦标赛的举行，极大地推动了乒乓球运动的进一步发展，为此后的世界锦标赛奠定了基础。

1980年，世界杯男子乒乓球比赛诞生了，它代表了当今世界男子乒乓球运动技术的最高水平，每年一届，迄今为止共举办了27届。

1988年，乒乓球运动被列入奥运会比赛项目。在球类运动中，它的金牌数目较多（4枚），因此，受到了各国的高度重视。

1996年，世界杯女子乒乓球比赛问世。至此，"世界乒乓球锦标赛""奥运会乒乓球比赛""世界乒乓球比赛"，成为乒乓球运动最为重要的三大赛事，运动员以夺取桂冠为目标，以获得三项冠军"大满贯"为荣耀。

在百年历史中，世界乒乓球运动大致经历了以下几个重要的发展阶段。

一、游戏变为运动项目（约1880—1926）

19世纪末20世纪初，乒乓球始终停留在游戏阶段，场地、器材、游戏方法等尚不统一。直到20世纪初，举行了多次乒乓球比赛，才逐渐引起人们的重视。1926年的世界乒乓球锦标赛是乒乓球运动发展的里程碑，标志着乒乓球运动正式成为运动竞赛项目。但在当时，这项运动还主要是在知识分子、学生及职员中间开展。

二、欧洲统治乒坛（1926—1951）

从1926年的第一届世界乒乓球锦标赛到1951年的25年中，一共举行了18届世界锦标赛，除美国选手获得八项冠军外，其余109项冠军全部为欧洲选手所得。

这一阶段技术打法较为简单，主要是以削为主。匈牙利则很好地利用了英国发明的胶粒拍，发挥了"武器"的特长，使原来单纯的木拍削球打法，不只增加了一定的攻击性，并制造出一定的旋转，发展为削攻结合的打法。因此，乒乓球史册中不应该忘记胶粒拍的发明者英国和技术打法的发展者匈牙利。

三、日本打破格局（1952—1959）

日本乒乓球运动开展得比较早，在1928年加入国际乒联。但是，它参加比赛却是在1952年的第19届世乒赛上。虽然初次参赛，但却以直握球拍的长抽进攻性打法取得了女子团体、男团、男双、女双4项冠军，震动了整个世界乒坛。第25届比赛取得了7项冠军中的6项桂冠，达到了顶峰。在短短的、不到10年的时间里，日本队共获得了24项冠军，占冠军总数的48.98%。日本扭转了欧洲统治乒坛的格局，优势转入亚洲。

这一阶段的技术产生了重大的变化：一是海绵球拍的出现使击球的速度大大加快；其次是打法创新，采用长抽全攻型技术取代了传统的以削为主、攻削结合的防守打法。日本的海绵球拍的使用和后来发明的弧圈球技术，使乒乓球运动发生了质的变化，日本对乒乓球运动的发展，功不可没。

四、中国异军突起（1959—1971）

中国乒乓球运动起步较晚，大约在1904年，上海一家文具店的老板从日本买来乒乓球台、球网、球和带洞眼的球拍，摆在店中亲自打球表演，介绍在日本看到的打球的情况，从而我国开始有了乒乓球的活动。在旧中国，虽然举办了一些国内比赛，也参加了第9届远东运动会乒乓球比赛，但是乒乓球运动未得到广泛地开展，技术水平不高，成绩负多胜少。

新中国成立后，政府对体育工作十分重视，于1952年举办了第一次全国乒乓球比赛大会，同年，中华全国体育总会乒乓球部加入国际乒联。1953年中国队首次参加世乒赛，男队成绩为一级第十名，女队成绩为二级第三名。

1957年的第24届世乒赛，男队取得了一级第四名的成绩，女队成绩为一级第三名。短短4年中国队的进步是很大的。从1959年第25届世乒赛容国团获男子单打冠军（这也是我国体育界获得的第一个世界冠军），到1965年第28届世乒赛中国共获得12项世界冠军。特别是在第28届世乒赛上，我国共获得5个冠军、4个亚军、7个季军，创造了中国队有史以来的最好成绩，国际舆论普遍认为中国是世界头号"乒乓球国家"。第26届世乒赛在中国举行和中国队所取得的成绩，进一步推动了我国乒乓球运动的普及与发展。据不完全统计，全国有近九千万人不同程度地参加了乒乓球运动，所以，有些外国人把乒乓球叫做中国的"国球"。

这一阶段的技术以容国团发球转与不转和中国的近台快攻打法占主导，逐步形成了我国乒乓球运动"快、准、狠、变"的技术风格。

五、欧洲逐渐复兴（1971—1979）

由于"文化大革命"的原因，中国没有参加第29届和30届两届世乒赛，到31届恢复参赛，男队如履薄冰地拿到了团体冠军，男子单打和双打冠军被欧洲的瑞典和匈牙利获得。此后，现在代表乒乓球运动技术水平的男子项目中，五届比赛中有15项比赛，欧洲获得8项冠军，其他队伍（中国6项、日本1项）占53.33%，形成了欧亚分庭抗争的局面。欧洲的复兴主要是以瑞典和匈牙利为代表，他们吸取了日本的弧圈球技术并结合自己的横拍特点，创造了横拍两面拉弧圈球和弧圈球结合快攻的打法。这一阶段的技术主要是在快攻的基础上发展了"转"。

六、中国创造神话（1981—至今）

欧洲的复兴虽然对中国乒乓球运动构成了一定的威胁，使中国队在第35届世乒赛上仅获得了混合双打的0.5个金牌。但是，欧亚乒乓球运动的对抗，促进了世界乒乓球运动的快速发展。在26年里的12届世乒赛中，中国队在第36届、43届、46届、48届世乒赛上四次囊括了7个项目的冠军，第26届、27届两次奥运会金牌大满贯，创造了乒乓球史上的奇迹。

这一阶段技术发展较快，新技术、新打法不断出现，各种打法争奇斗艳。例如，欧洲横拍近中台凶狠型打法、采用直拍式的横拍发球、横拍撇搓式接发球，以及中国式直拍反打、攻削结合、反胶与长胶结合的全攻型打法等。技术风格在原来的基础上，进一步发展为"技术全面、特长突出、无明显漏洞"的新型技术。

七、"国球"长盛不衰

自从1959年容国团获得第一个世乒赛冠军至今，中国乒乓球队在近半个世纪的征程中，虽然道路并非一帆风顺，但总是引领世界乒乓球运动的潮流。以国际上三个奥运周期在世界竞技舞台上名列前茅为长盛不衰的标准，中国队是名副其实的长盛不衰。从25届至今，中国队在世乒赛、奥运会、世界杯三大赛事上，共获得了142.5个世界冠军。这在乒乓球史上是绝无仅有的，在中国96个竞技项目中，也是最为耀眼的。乒乓球被誉为"国球"实是当之无愧。

第三节　乒乓球运动对人体的锻炼价值

一、运动量可控，老少皆宜

乒乓球运动之所以在世界上长盛不衰的原因之一是，它具有广泛的群众基础，运动水平起点高。这和该项目的特点有一定的关系。乒乓球运动的设备简单、投资较少、场地较小、不受气候的影响；由于无身体接触，受伤的机会减少，也没有大范围的跑动，运动量可根据自己的身体状况和情绪进行控制。因此，乒乓球运动非常普及。

二、提高智力，改善视力

由于乒乓球运动具有球小、速度快、旋转强、变化多的特点，要在0.16～0.4s内，判断来球速度、力量、旋转、落点，从而决定自己的还击方式。因此，它可锻炼人的判断力、观察力、球在高速运行中的集中注意力，从而提高人的思维能力；乒乓球运动对人体的视力较其他运动锻炼的价值更大，在击球中由于球在高速运动，千变万化，球与练习者眼睛的位置关系也在不断变化，这对眼睛睫状肌的收缩和舒张能力是一种非常有效的锻炼，从而能在一定程度上预防近视、改善视力。

三、锻炼协调能力，提高灵敏素质

由于乒乓球在比赛中变化复杂，运动员必须经常从一个动作、战术转变到另一个动作、战术，这就要求打乒乓球时注意力要集中、反应快，让神经系统处于最佳的兴奋状态。经常参加乒乓球运动能有效地提高中枢神经系统的反应能力，提高人体动作迅速变化和协调的能力，加强动作的灵敏性。

四、改善心血管功能，促进身体全面发展

乒乓球运动对增强体质，改善心血管系统有很重要的作用。经常参加乒乓球运动可使心肌发达、有力，血管壁弹性增强，呼吸肌有力，肺活量增加；它还可以增加上下肢、腰腹肌的力量，提高耐力素质，使人体机能得到全面发展。

五、提高心理素质，培养意志品质

乒乓球运动技、战术变化多，比赛胜负也是变化莫测的。运动员经常在激烈的竞争中体验各种变化，有利于提高他们控制情绪的能力，培养顽强拼搏的意志品质。

第二章

乒乓球组织机构

第一节 国际乒联

国际乒联是国际乒乓球联合会的简称,是参加国际乒联的各乒乓球组织(建材协会)的联合体。1926年12月12日,在伊沃·蒙塔古的母亲斯韦思林女士的图书馆里,国际乒联正式成立。发展至今已拥有考222个会员国,成为世界五大体育组织之一。它的宗旨是在协会会员间和运动员之间发展友爱精神和相互了解,协调各协会之间以及协会同其他团体之间的关系,继续提高乒乓球技术水平,并在全世界扩大对乒乓球运动的参与。

第二节 亚乒联盟

亚乒联盟是亚洲乒乓球联盟的简称。它成立于1972年5月7日,由中国、朝鲜、柬埔寨、日本、伊拉克、伊朗等16个乒乓球协会在中国北京召开筹委会,经过4天的商议,讨论通过了章程,推选出领导机构。亚乒联盟首任主席是日本乒协的川上里三。1984年10月,宋中被选为终身名誉主席,王露仙、李福荣被选为名誉秘书长。到目前为止,亚洲乒乓球联盟共有会员约43个国家和地区,成为亚洲最大的体育组织。

亚乒联盟的宗旨是:

(1)增进亚洲国家和地区人民和运动员之间的友谊,发展亚洲与其他各洲乒乓球界和运动员的友好联系。

（2）促进亚洲乒乓球的普及、发展和提高。

第三节　中国乒协

中国乒协是中国乒乓球协会的简称。它成立于1955年，是在中华全国体育总会领导下的单项体育协会之一，由各省、市、自治县、解放军及各行业系统的乒乓球协会组成。它以提高乒乓球运动和发展与各国乒乓球运动员之间的友谊为宗旨，在大力发展群众性、普及性乒乓球运动的基础上，提高我国乒乓球的竞技水平；积极开展与世界各国乒乓球技术的交流，广泛参与世界性乒乓球比赛。

第三章

乒乓球的国际大赛与国内主要赛事

第一节 世界乒乓球锦标赛

自1926年12月伦敦举办第一届世界乒乓球锦标赛开始，1926—1939年和1947—1957年，每年举行一届世界乒乓球锦标赛；1940—1946年，因第二次世界大战中断7年；自1957年第24届世乒赛以后，每2年举行一届，第45届世乒赛因南斯拉夫大局势被迫延时异地，并且是单项赛和团体赛在一起举行的世乒赛。第46届世乒赛成为最后一次单项赛和团体赛都在不同的国家举行，即以后每年都有世乒赛赛事。直到2004年共举行了47届世界乒乓球锦标赛。世界锦标赛比赛项目共7个：男子团体、女子团体、男子单打、女子单打、男子双打、女子双打、混合双打。

每个项目都设有专门的奖杯，如图3-1所示。

（1）男子团体——斯韦思林杯。由前国际乒联主席、英国的蒙塔古先生的母亲斯韦思林女士捐赠，故称"斯韦思林杯"。

（2）女子团体——考比伦杯。

由原法国乒协主席马赛尔·考比伦先生捐赠，故以他的名字命名。

（3）男子单打——圣·勃来德杯。由原英格兰主席伍德科先生捐赠，以伦敦圣·勃来德乒乓球俱乐部的名字命名。

（4）女子单打——吉·盖斯特杯。

由吉·盖斯特先生捐赠，故以他的名字命名。

（5）男子双打——伊朗杯。

由前伊朗国王捐赠，故以伊朗的国名命名。

（6）女子双打——波普杯。

由前国际乒联名誉秘书长波普先生捐赠，故以他的名字命名。

（7）混合双打——兹·赫杜塞克杯。

（a）斯韦思林杯　（b）考比伦杯 　（c）圣·勃来德杯 　（d）吉·盖斯特杯

（e）伊朗杯 　　　（f）波普杯 　　　（g）兹·赫杜塞克杯

图3-1　世乒赛奖杯

由前捷克斯洛伐乒协秘书兹·赫杜塞克先生捐赠，故以他的名字命名，图3-2为获得混合双打冠军的运动员。

以上七项奖杯都是流动的，各项冠军获得者都可保存该项奖杯到下届世锦赛开始前，并享受在奖杯上刻上名字的荣誉。男、女单打如果连续三次或者不连续四次获得冠军，则由国际乒联制作一个小于原奖杯一半的复制品，赠获奖者永久保存。我国优秀乒乓球选手庄则栋曾因连获26届、27届和28届世乒赛男单打冠军而获此殊荣。

图3-2　混双冠军

第二节　世界杯乒乓球比赛

为进一步推动世界乒乓球运动发展，国际乒联于1980年8月29—31日在香港举行了由国际乒联指定16名选手参加的第1届世界杯乒乓球比赛，参赛者均是世界优秀选手和各大洲单打冠军，东道主有1名选手参赛。1990年5月（日本东京）、1991年11月（韩国汉城）和1992年12月（美国拉斯维加斯）开设了两届双打比赛。1996年9月在香港举办了首届世界杯女子单打比赛，共16名选手，参赛名额确定及竞赛方法同男子选手。目前，世界杯每年举行一届女子单打比赛和一届男子单打比赛。由于世界杯参赛人数少、比赛时间短、水平高、精彩场次多，因而，很受观众欢迎。

第三节　奥运会乒乓球比赛

由国际乒联申请，1981年在巴登召开的第84届国际奥委会上全体委员决定将乒乓球列入1988年奥运会正式比赛项目。设立男子单打、女子单打、男子双打和女子双打4块金牌。它是先通过预选赛产生64名男选手和32名女选手，然后正式参加四个项目的比赛。乒乓球进入奥运会后，大大提高了乒乓球运动在国际体坛的地位，许多国家反响强烈，对乒乓球运动项目投入更多的人力、物力和财力，有力地推动了世界乒乓球运动的发展。

第四章

乒乓球器材

第一节 球台

球台的上层表面叫做比赛台面，应为与水平面平行的长方形，长2.74m，宽1.525m，离地面高0.76m。如图4-1所示。

比赛台面不包括球台面的垂直侧面。

比赛台面可用任何材料制成，应具有一定的弹性，即当标准球从离台面30cm处落至台面时，弹起高度应约为23cm。

图4-1 球台

比赛台面应呈均匀的暗色，无光泽。沿每个2.74m的比赛台面边缘各有一条2cm宽的白色边线，沿每个1.525m的比赛台面边缘各有一条2cm宽的白色端线。

比赛台面由一个与端线平行的垂直的球网划分为两个相等的台区，各台区的整个面积应是一个整体。

双打时，各台区应由一条3mm宽的白色中线，划分为两个相等的"半区"。中线与边线平行，并应视为右半区的一部分。

117

第二节　球网装置

球网装置包括球网、悬网绳、网柱及将它们固定在球台上的夹钳部分。

球网应悬挂在一条绳子上，绳子两端应系在高15.25cm的直立网柱上，网柱外缘离开边线外缘的距离为15.25cm。

整个球网的顶端距离比赛台面15.25cm。整个球网的底边应尽量贴近比赛台面，其两端应尽量贴近网柱。

第三节　球

球应为圆球体，直径为40mm。

球重2.7g。球应用塞璐珞或类似的塑料制成，呈白色或橙色，且无光泽。

第四节　球拍

一、底板

乒乓球底板一般以木制材料为主制成。球拍的大小、形状和重量不限，但底板应平整、坚硬。规章规定，底板厚度应至少有85%的天然木料。加强底板的粘合层可用诸如碳纤维、玻璃纤维或压缩纸等纤维材料，每层粘合层不得超过底板总厚度的7.5%或0.35mm。以木制材料的构成来看，乒乓球底板可分为一层木质底板和多层木质底板两种。多层木质底板主要有3层、5层、6层、7层和9层共五种。在其他条件不变的情况下，底板层数越多，球离板的速度越快，借力击球就比较容易；反之，球在底板上滞留的时间就越长，控制相对稳定，但需要主动发力。

球板厚度一般以6.5mm左右为宜，若球板加有碳纤维等质量轻、硬度高、弹性大的材料，底板厚度少于6.5mm都可以保证球拍在触球时不震手。进攻型运动员一般选用木质稍硬、弹性略好的底板，削球运动员一般选用木质稍软、弹性较弱的底板。

二、胶皮

1. 正胶胶皮

正胶胶皮是胶皮粒向外粘贴的胶皮。国际乒联对正胶胶皮的规定如下：每颗胶粒必须是圆形对称，轴与底层平面垂直，颗粒顶部表面必须与胶粒片底部水平；其表面可以是粗糙的或平整的，但不能在粒子中形成中空；三颗相邻的胶粒呈等腰三角形，每颗胶粒至少1mm长，顶部直径为1.0～2.2mm，颗粒间距为1.0～2.0mm，颗粒高与颗粒直径之比不超过1∶1。

从常规来看，正胶胶皮通常包括正胶、生胶、长胶三种。

（1）正胶。正胶胶皮颗粒向外，受到来球冲击而产生直接变形，变形程度越大，反弹力也就越大，相应回球的速度就越快。由于正胶产生摩擦力差，制造的旋转性能比较差，因此，正胶胶皮适用于近台快攻和两面攻打法。

（2）长胶。长胶胶皮颗粒长且柔软，韧性较好，顶部表面有平整光滑和有离子纹路两种，前者胶粒在受到来球冲击后会斜向一侧，反弹时会给球一个反向旋转力，使回球产生与对方来球相反的旋转。后者由于顶层表面存在纹路，除了具有前一种长胶的特点外，还可以制造旋转，有利于进攻。长胶胶皮通常用于削球打法，经常使用在直拍反面和横拍反手面。

（3）生胶。生胶胶皮的性能介于正胶和长胶之间，它部分具备了正胶击球速度快，易于进攻的特点。生胶胶皮多为进攻型打法使用，常配备至横拍反手面。

2. 反胶胶皮

反胶胶皮是指胶粒朝下，表面光滑的胶皮，是最常用的胶皮之一。其特点是击球旋转力强、击球稳定、易控制，适合弧圈型或弧圈结合快攻型打法。击球稳定，控制球好，适合初学者使用，同时在专业选手中也十分常见。

三、海绵

海绵是一种微孔橡胶制品，经过发泡工艺而产生的无数个密闭小孔布满其内，从而形成了众多的微孔气室。在受到球的撞击时，与接触点邻近的气室受力收缩，海绵因此产生变形，为运动员调节来球创造了条件。同时，积蓄相应的弹性势能，随即转变为出球时球的动能。海绵的软硬、厚度与击球时的弹力大小有密切的关系。

1. 厚度为2～2.5mm的海绵

厚度在此范围的海绵，又分为硬型、次硬型和软型三种。

（1）硬型海绵反弹力大，出球速度快，与反胶结合在一起可以有效地增加弧圈球旋转，因此，适合于弧圈球打法的运动员。

（2）次硬型海绵和硬型海绵相比略软，它往往与正胶胶皮结合在一起，适合近台快攻型运动员使用。

（3）软型海绵弹性比前两者小，出球速度慢，目前使用软型海绵的选手比较少。

2. 厚度在1.5～1.8mm的海绵

厚度在此范围内的海绵与胶皮有两种配制方法。

（1）生胶胶皮配以1.5毫米左右的海绵为宜，由于反弹力较小，需要自身发力击球，有利于发挥正胶胶皮的特点。

（2）反胶胶皮配以1.7毫米左右的海绵有利于对来球进行控制，由于反弹力较小，所以，这种配制有利于削球打法。

3. 厚度为0.8～1mm的海绵

目前，在此范围内的这种海绵通常与长胶胶皮结合使用，由于反弹力小，击球时可充分发挥长胶自身的特点。

第五章

乒乓球基本术语

第一节　站位术语

（1）近台：指站位在离球台端线50cm以内的范围。

（2）中近台：站位离球台端线50～70cm之间的范围。

（3）中远台：站位离球台端线70～100cm之间的范围。

（4）远台：指站位离球台端线100cm以外的范围。

第二节　击球时间术语

（1）上升期：指球从台面反弹上升到接近最高点的这段时间。这段时间还可以分为上升前期和上升后期。

（2）高点期：指球反弹后处于或接近最高点的这段时间。

（3）下降期：指球从最高点下降至地面的整段时间。这段时间可分为下降前期和下降后期。

第三节　击球部位术语

为了形象地说明，将球用表盘的刻度来划分。

（1）击球上部：球拍击球在12~1点的位置上。

（2）击球中上部：球拍击球在1~2点的位置上。

（3）击球中部：球拍击球在3点钟的位置上。

（4）击球中下步：球拍击球在4~5点的位置上。

（5）击球下部：球拍击球在6点钟的位置上。

第四节　击球路线术语

（1）右方直线。

（2）右方斜线。

（3）中方直线。

（4）左方斜线。

（5）左方直线。

第五节　拍型角度术语

（1）拍面向下：拍面触球接近12点时的角度。

（2）拍面前倾：拍面触球接近1点时的角度，击球的中上部。

（3）拍面稍前倾：拍面触球接近2点时的角度，击球的中上部。

（4）拍面垂直：拍面触球接近3点时的角度，击球的中部。

（5）拍面稍后仰：拍面触球接近4点时的角度，击球的中下部。

（6）拍面向上：拍面触球接近6点时的角度。

第六章

乒乓球的基本站位和握拍方法

第一节　基本站位

站位是指运动员与球台之间所处的位置。基本站位是指一个范围，而不是某一个固定点。不同类型打法的选手，其基本站位的范围大小也不尽相同。

一、站位动作要点

两脚开立，比肩稍宽，踵部稍提起，两膝微屈，上体略前倾，重心置于两脚之间。下颌稍向内收，两眼注视来球。持拍手自然弯曲，置于身体右侧，手腕适当放松。

二、不同打法运动员的站位

左推右攻打法在近台、球台左1/3处。直拍近台两面攻打法在近台、球台端线中间略偏左的位置。弧圈球打法应离台70~100cm，直拍弧圈球打法在离球台端线偏左1/3处，横拍弧圈打法则处于稍中间。快攻结合弧圈打法，与球台的距离介于近台快攻打法与弧圈球打法之间。但是，直拍者在球台端线偏左1/3处，横拍者则在中间偏左处。削球打法离球台1m以外，在球台端线中间的位置。其中，攻削结合型打法离球台稍近些，削中结合进攻型打法离球台稍远些。

三、不同特点运动员的站位

这与运动员的技术特长、身高、习惯、形态等均有关系。反手推挡和正手拉弧圈球好的选手站位稍远并偏中间；正手侧身和步法好的选手，即可站位稍近并略偏左些。当然，每个人的站位不是固定不变的，都应根据实际情况随时调整。

四、根据对方运动员的打法而选择站位

若对方是左手执拍,站位应稍偏向中间。对手是弧圈球打法,则应稍退后。双方若均为削球打法时,基本站位应靠前。当本方是近台快攻打法,对方是削球打法时,基本站位应稍向后退一些。

第二节 基本握拍法

握拍法是指运动员手握乒乓球拍的方法,分为直拍握法和横拍握法。乒乓球握拍方法与击球动作存在着密切的关系,它在相当程度上反映着运动员的技术特点。正确的握拍法对调整击球时的引拍位置、拍型角度、拍面反向、发力反向等有着重要的作用。同时,它对掌握乒乓球基本技术和提高乒乓球技巧有着密切的联系。

一、握拍法特点

1. 直拍握法

正反手均可用球拍同一面击球(直拍横打除外),出手快,正手攻球力量大,在攻斜、直线时拍面变化不大,易于迷惑对手;手指、手腕活动空间大,因此,在发球的变化和处理台内小球和近身球方面较为有利。但反手攻球因受身体阻碍较难掌握,防守时照顾的面积小。

2. 横拍握法

手指、手掌与球拍接触面积大,握拍相对稳定,控球范围大;反手攻球时便于发力,适于弧圈球。但回接左右两边的来球时需转动拍面,这样就限制了出手速度,又形成了自身中路的薄弱;攻直线球时拍面变化较大,突然性降低,处理台内球不及直拍灵活。

二、直拍握拍技术

1. 直拍快攻握法

拍前，食指自然弯曲，食指的第二指节与拇指的第一指节分别压住球拍两肩，食指与拇指间的距离适中。拍后，其他3指自然弯曲叠放，中指的第一指节侧面顶在球拍背面约1/3处。这种握拍法手腕比较灵活，也便于利用手指来变化拍型角度，敏锐地调节用力方向和用力方法。

这种握拍法随着食指与拇指的间距又可分为两种。

大钳式握法：拇指和食指间距离大于一指宽以上。因影响手指手腕灵活性，此握法已少见。

小钳式握法：拇指和食指间距离小于一指宽，往往贴近连在一起。此握法虽利于正、反手击球，但不利于发力。

2. 直拍弧圈握法

中式直拍弧圈握法与快攻握法基本相同，只是在正手拉弧圈时拍后三指略微伸直，以利于击球时保持前倾拍型的稳定。

日式直拍握法则区别较大，日式拍身大多为长方形，拍柄部位有一较高的软木垫，便于握拍。拇指紧贴拍柄左侧，食指扣住拍柄，形成一小环状，紧握拍柄，中指、无名指、小指自然弯曲顶在球拍的背部约1/3处。

3. 削球式握法

拇指和其余四指分开握球拍的两面。拇指弯曲紧贴拍柄的左侧肩部，食指、中指、无名指和小指托住球拍的背面。

三、横拍握拍技术

横拍握法依个人习惯、特点的不同分为深握和浅握两种。

基本握拍法为中指、无名指和小指自然地握住拍柄，拇指在球拍的正面轻贴于中指旁边，食指自然伸直斜贴在球拍的背面。深握时，虎口紧贴球拍；浅握时，虎口轻微贴拍。横拍正手攻球时食指压拍，以拇指第一指节作为支点，与中指协调控制拍型并传递力量，可将食指略向球拍中部移动，使压拍的用力点与球拍正面的击球点更接近；反手攻时，以食指根部为支点，拇指压拍控制拍型并传递击球力量。注意应避免将拍柄攥得过紧，从而影响手臂的用力和调节。

第七章

步 法

步法是指击球员为选择合适的击球位置所采用的脚步移动方法。它是乒乓球击球环节中的重要组成部分。运动员具有良好的步法，能够保持合适的击球位置，就能使击球的速度、力量、旋转得到充分地发挥，从而有利于提高击球的技术质量。乒乓球运动中来球落点不断变化，没有灵活的步法是不能够适应训练和比赛需要的。

基本步伐介绍

1. 单步

（1）技术特点：移动速度比较快，重心转换平稳。单步是各类型打法运动员常用的步法之一，是乒乓球步法中比较简单而有效的技术。

（2）动作标准：以一脚前脚掌内侧用力蹬地，以此脚掌为轴稍转动，另一只脚向左或右、前或后移动。当移步完成时，身体重心也随之落在移动脚上，同时，挥臂击球，其后注意还原。

2. 跨步（跟步）

（1）技术特点：移动幅度比单步大，速度快，照顾面积相对较大。

（2）动作标准：用来球方向的异侧脚前脚掌内侧蹬地，另一只脚向来球前或后、左或右方向跨出一大步。向来球方向移动时，另一只脚迅速滑动半步跟过去，接着挥拍击球。注意重心起伏不要太大。

3. 跳步

（1）技术特点：跳步的移动幅度比单步、跨步大。移动时常带有短暂的腾空时间，这对于保持身体重心的稳定产生影响，落点时要靠膝、踝关节的缓冲来制动。

（2）动作标准：来球异侧方脚前脚掌内侧用力蹬地，两脚同时离地，向左或右、前或后方向移动。蹬地用力的脚先落地，当移步完成时，身体重心也随之落在与持拍手同侧的脚上，同时挥臂击球，其后注意还原。

4. 并步

（1）技术特点：并步移动的幅度比单步大，但比跳步小，由于并步移动时没有腾空动作，故有利于保持身体重心的稳定。

（2）动作标准：来球方向异侧脚前脚掌内侧蹬地，在发力脚向另一脚靠近的同时，另一脚向来球的前或后、左或右方向跨出一步，身体重心不要起伏过大。

5. 交叉步

（1）技术特点：交叉步移动范围比前者均大，主要用于对付距身体较远的来球。

（2）动作标准：来球方向异侧脚前脚掌内侧蹬地，使身体重心向来球方向移动，并转为与来球方向同侧脚蹬地。同时，身体向移动方向转动，来球方向异侧脚从另一脚的前面跨过。在落地时，挥拍击球，在来球方向的异侧脚交叉落地后，另一脚快速移动到外侧支撑制动，并迅速还原。

6. 垫步

（1）技术特点：它是一种连接不同步法进行组合运用的技术。它对重心位置的调节、击球位置的选择、发力方式的选用有着重要的作用。

（2）动作标准：两脚前脚掌内侧蹬地，尽量靠近地面，在身体重心起伏不大的情况下向来球方向移动。根据来球情况调整击球位置，并与其他步法技术相结合。

第八章

单一技术

乒乓球单一技术是指一个技术动作，是构成结合技术的基本技术。单项技术质量的高低决定着比赛中结合技术的质量发挥。

第一节　发球、接发球

一、发球

发球是比赛中唯一不受到对方来球限制的技术，可以让使用者最大限度地实现自己的战术意图，具有较强的主动性和攻击性。

发球技术从发球动作产生的旋转性质上划分为平击发球、奔球、转与不转发球、侧上下旋发球；从发球的动作方式上划分为正手发球、反手发球和下蹲发球。

1. 正手平击发球

（1）技术特点：速度比较慢，略带上旋，力量较轻，技术较容易掌握，同时，是掌握其他复杂发球技术的基础。

（2）动作要领：身体离球台约40cm，两脚开立，略宽于肩，抛球时，向后上方引拍，球拍拍面略前倾，球拍向前下方挥动，击球的中部略偏上，击球后迅速还原。

2. 反手平击发球

（1）技术特点：出球性质与正手平击发球类似，但整个技术动作都与之差异很大，主要是为日后掌握高质量的反手发球打下基础。

（2）动作要领：左手将球向上抛起，同时右臂外旋，使拍面稍前倾，向左后方引拍，当球从高点下降至稍高于球网时，击球中上部向右前方发力。

3. 正手发奔球

（1）技术特点：球速快、落点长、角度大、威胁性强。球的飞行弧线低且向左偏斜，具有较强的右侧上旋。

（2）动作要领：左手将球向上抛起，同时右臂内旋，使拍面稍前倾，前臂手腕自然下垂，肘关节高于前臂，向右后方引拍。击球右侧上方摩擦，触球瞬间拇指压拍，手腕从右后方向左上方抖动。

4. 反手发奔球

（1）技术特点：比赛中为了牵制对方，利用反手奔球的突然性可以压住对方反手，再突变正手，作为主要的战术配合。

（2）动作要领：左手将球向上抛起，同时右臂外旋，使拍面稍前倾，上臂自然靠近身体左侧，向左后方引拍。球从高点下降至低于网高时，击球左侧中上部，触球瞬间前臂加速向右前上方横摆，手腕控制球拍加力摩擦球，要配合向右转动。

5. 正手发转与不转球

（1）技术特点：动作相似，旋转差异大，常合称为"转不转"发球。由于发球手法近似，能通过旋转变化迷惑对方，从而直接得分或为自己创造抢攻机会。

（2）动作要领：左手将球向上抛起，同时右臂外旋，直握拍手腕作伸，横握拍手腕略向外展和伸，向右后上方引拍。发下旋加转球，当球从高点下降至稍高于网或与网同高时，前臂加速向前下方发力，同时手腕作屈并内收，以球拍远端触球，击球中下部向底部摩擦；不转发球与下旋加转发球的区别在于手臂外旋幅度小，减少拍面后仰角度，以球拍中后部偏右的地方触球，击球中部或中下部，减少向下摩擦球的力量，近似将球向前推出，使作用力线接近球心，从而形成不转球。

6. 反手发转与不转球

（1）技术特点：相比与正手"转不转"发球，更注意落点变化，多为直、横拍两面攻打法选手采用。

（2）动作要领：左手将球向上抛起，同时右臂内旋，直握拍手腕作屈，横握拍手腕作外展，使拍面稍后仰，向左后方引拍。发下旋加转球，当球从高点下降至稍高于网或与网同高时，前臂加速向右前下方发力，同时直握拍手腕作伸，横握拍手腕内收，以球拍远端触球，击球中下部向底部摩擦。

7. 正手发左侧上（下）旋球

（1）技术特点：以旋转变化为主，飞行弧线向右偏拐，对方回球时易向发球方向左侧上（下）反弹。由于手法近似，能起到迷惑对方的作用。

（2）动作要领：左手将球向上抛起，同时右臂向右上方引拍，直拍手腕作伸，横握拍手腕作外展，腰部略向右转动。当球下降至接近网高时，前臂加速向左方挥摆，直握拍手腕作屈，横握拍手腕作内收，腰部配合向左转，击球中部向左侧上方摩擦，出球即为左侧上旋球。左侧下旋发球与左侧上旋发球大致相同，区别在于：引拍向右后上方，手臂向左前下方挥摆，击球中下部向左侧下方向摩擦，出球点略高于左侧上旋发球。

8. 反手发右侧上（下）旋球

（1）技术特点：飞行弧线向左偏拐，对方回球时易向其左侧上（下）反弹。

（2）动作要领：左手将球向上抛起，同时右臂向左上方引拍，拍面角度接近垂直，腰部向左转动。当球下降至接近网高时，前臂加速向右上方挥摆，直握拍手腕作伸，横握拍手腕作内收，腰部配合向右转，击球中部向右侧上方摩擦，出球即为右侧上旋球。右侧下旋发球方法与右侧上旋发球大致相同，区别在于：引拍向左后上方，手臂向右前下方挥摆，击球中下部向右侧下方向摩擦，出球点略高于右侧上旋球。

二、接发球

在比赛中，若接发球不好，除直接失分外，还会制约自己战术的发挥，造成心理压力而处于被动。随着乒乓球技术的迅猛发展，接发球技术日趋丰富，接发球水平反映了运动员掌握各项技术的全面程度。

1. 站位选择要恰当

选择好站位是接发球的基础，只有选择好站位，才能更好地把对方发出来的各种落点和各种变化的球回击过去，同时，还有利于发挥出自己的特长。站位选择是否合理，主要根据这种站位能否有效顾及到对方来球的任一落点。一般来说，站位的选择要根据对方发球的位置来决定，站位偏球台的左侧或右侧，要从回击对方发来角度较大的斜线球来考虑。正确的站位应该是两脚左右开立，间距大于肩宽，重心在两脚掌之间，当对方用正手在球台右方发球，那么站位就要偏右一点；如果对方用反手或侧身在球台左方发球，则站位应偏左一些。站位离球台不宜太近或太远，以兼顾长短球。

2. 接发球的判断

（1）判断发球路线：对方发球的线路，可以通过注意观察对方发球出手时拍形的角度进行判断。如发斜线球，拍形则向侧斜偏；如发直线球，拍形则向前。

（2）判断发球的性能：由于新规则要求采用无遮挡发球，所以，判断球的旋转就显得相对简单。一方面，可通过仔细观察对方发球的挥拍动作，从球拍触球后移动的方向及手腕尽力程度来判断球的旋转性能，如触球瞬间，球拍向上则球带有上旋，向下则带有下旋。手腕用力切球或手腕抖动得越厉害，旋转力就越强，反之旋转力则小。另一方面，可从球的运行情况判断，如下旋的加转球在空中运行时，表现出来的现象是前段快、后段沉，落台球往前走得慢，看不见球的商标；不转球则是前段慢、后段快，球落台后向前的冲力大，看得见球的商标。

3. 合理回接

（1）接急球：来球速度快，带有上旋，左方急球不宜移动过大，可采用侧身回接，多用反手推挡或用反手攻回击。右方急球用正手快带、快攻借力回接。若用削球回接时，则必须移动步法向后退一些，当来球力量减弱时回接。当对方发过来的是急下旋球时，由于来的速度快并带有一定的下旋，所以，用推或攻回球时，拍面应稍后仰以增加向上发力；用弧圈球回球时，应增加向上提拉的力量；用搓球回接时，首先向后退一些，拍面角度不宜后仰过大，击球中部向前下发力以抵消来球的前进力。

（2）接短球：当对方发来近网的短球时，可用"以短摆短"的方法将球回到对方近网处。要使回球的落点短，则应注意在上步接球时使身体保持稳定，特别是在击球时必须控制住身体的前冲力量，球拍触球的瞬间控制板形，迅速减力，做回收动作，将球回接；也可用快攻方法回接，当球跳到高点期时，拍型稍前倾，击球的中上部，靠手腕和前臂的力量迅速发力回击，回接下旋球要注意适当加大提拉的力量。遇对方发来的下旋短球，可用搓球回接。搓球时，除了拍面略后仰外，还应稍向前用力送球。若来球下旋力强，则向前用力要相对加大，使回球的弧线增高，以免下网。

第二节　搓球

搓球是近台还击下旋球的一种基本技术。比赛中可用它为拉弧圈球创造条件。它与攻球技术结合起来可以形成搓攻战术。搓球在接发球时可以有效地过渡，为自己下一板创造进攻机会。

一、快搓

1. 技术特点

动作幅度小，弧线低，回球速度较快，能借助来球的前进力去回击，是对付小球和搓球的常用手段。

2. 技术要领

站位近台。反（正）手搓时，引拍至身体左（右）上方。击球时，上臂迅速前伸，前臂由上向前下方用力，手腕控制拍面稍后仰，在来球的上升期击球中上部。若来球下旋较强，球拍则多向球的底部摩擦，手指手腕多向前用力；若来球下旋较弱，则拍触球中下部，手指手腕多向下用力。

二、慢搓

1. 技术特点

动作幅度较大，回球速度稍慢。旋转变化运用得好，可为进攻创造条件或直接得分。

2. 技术要领

反手慢搓的站位是右脚稍前，身体离球台约50cm，持拍手臂向左上方引拍。击球时，前臂和手腕向前下方用力，同时前臂内旋并配合转腕的动作，拍型后仰，在下降后期搓击球中下部。触球后，前臂随势前送。横拍搓球时，拍型略竖一些，击球后前臂向右下方挥摆。击球时间、部位和拍型与直拍基本相同。正手慢搓的站位是左脚稍前，身体稍向右转。击球前，手臂向右上方引拍，前臂和手腕向左前下方用力搓球，在下降期击球中下部。

三、摆短

1. 技术特点

动作小、回球快、弧线低、落点近网,且前进力小,往往使对方很难上手抢攻,用以还击近网下旋来球很有效,但对付长球或转球有一定难度。

2. 技术要领

与快搓基本相同,但击球时间相对提前。在将触球时手腕停止前伸,利用来球的反弹力,向前下方摩擦球的中下部,手腕有一定的减力动作,还可略带侧向摩擦,以起到缓冲作用。

四、劈长

1. 技术特点

速度快、线路长、旋转强、弧线低平。常使对方无法获得上手进攻所必需的引拍距离,在接发球时与摆短配合运用能起到良好的效果。

2. 技术要领

与一般搓球类似,但引拍稍高,在高点期触球,前臂带动手腕快速向前下方砍击,发力集中,动作幅度较大,身体重心要随摩擦球的方向跟出。

五、搓转与不转球

1. 技术特点

使用近似手法搓出转与不转两种球来迷惑对方,增加其回球难度或直接失误。

2. 技术要领

搓加转或不转球,取决于作用力线是远离球心,还是接近球心或通过球心。搓球时,加大引拍距离、加快挥臂速度、加大击球力量、加大拍面后仰角度,击球中下部,向前下方切球,适当将球切薄,这样可使击球的作用线远离球心,增加球的旋转;反之在搓球时减慢挥臂速度,减小击球力量,减小拍面后仰角度,击球中下部靠下向前推送球,将使击球时的作用力接近或通过球心,这样回击的球易形成相对不转。

第三节　推挡技术

推挡技术是一项基础技术，同时也是我国左推右攻打法运动员的主要技术之一。推挡时站位近，动作幅度小，球速快，比赛中可用推挡技术特点落点、节奏和速度的变化来控制对手的进攻，也可充分发挥近台快攻的特点。

应先学习挡球，在基本熟悉球的性能和掌握了击球手法后，再学习推挡球，随后再进一步提高推挡球的力量、速度和旋转，最后练习减力挡、加力推及推下旋球等技术。

一、挡球

1. 技术特点

球速慢、力量小，易于掌握，是初学者的入门技术之一。在对方攻击时，挡球可以作为防御的一种手段。通过反复体验挡球的技术，可以体会击球时拍型的变化，并可以有效地提高控制球的能力。

2. 技术要领

两脚平行站位或左脚稍前，身体离球台50cm。击球前前臂与台面平行伸向来球。拍触球时前臂和手腕稍向前移动，主要借助对方来球力量进行回击。在上升期击球的中部，拍型与台面接近垂直。击球后迅速还原成击球前的准备姿势。

二、快推

1. 技术特点

出球快、线路活，是学习其他推挡技术的基础。在对攻和相持中，利用推挡推两大角或突击对方空挡处，可以为自己的进攻争取时间，造成对方回球失误或漏出机会为自己的抢攻创造条件。

2. 动作要领

手臂自然弯曲并外旋，拍型角度稍前倾，上关节内收自然靠近身体右侧，将球拍引至身体前方。当来球跳至上升期时，前臂和手腕迅速向前上推出。触球时手腕外旋，拍面稍前倾击球中上部。以前臂发力为主，同时适当借力。

三、加力推

1. 技术特点

力量大、球速快，可以抑制对方的进攻，迫使对方陷入被动防守的局面。加力推和减力挡配合使用，可以有效地控制场上局面，牵制对方，争取主动。一般适用于对付速度较慢、旋转较弱的上旋球或力量较轻的攻球及推挡。

2. 动作要领

手臂自然弯曲并外旋，拍型角度稍前倾，上臂后收，前臂提起，肘关节贴近身体，将球拍引至身体前方较高处。当来球处于上升后期或高点期时，上臂、前臂和手腕加速向前下方推压，腰髋向左转动配合发力，拍面前倾击球中上部，中指用力顶拍。

四、减力挡

1. 技术特点

回球弧线低、落点短、力量小。多在加力推或正手发力攻，迫使对方离台后使用，可以有效地调动对手，为自己的进攻创造机会。

2. 动作要领

手腕外旋，拍面稍前倾，触球瞬间，手臂前移做立即制动，甚至根据来球情况要把球拍轻轻后移，用以减弱来球的反弹力。要做好这一技术，必须善于根据来球力量和旋转强度来调节拍型角度和掌握好触球瞬间球拍后移的动作。

五、推下旋

1. 技术特点

回球下旋，弧线较低，落点长，球落台后向前滑。在略带上旋的对攻中，可突然使球变为下旋，从而使对方直接回球下网或因此陷入被动。但是，推下旋难以充分发力，而且用来对付上旋较强的来球有一定困难。

2. 动作要领

手臂微内收，拍型角度稍后仰，上臂后引，前臂上提，将球拍引至身体前方。当来球跳至高点期时，击球中下部，以上臂和前臂为主向前下方用力推，触球瞬间拍型要求相对固定。

第四节　攻球技术

攻球技术是乒乓球比赛中争取主动和获得胜利的重要技术。它具有快速、有力的特点。运用的好能使对方陷入被动，取得优势。

学习攻球应先从正手攻球开始，对初学者来说，当球处于高点刚下降时击比较稳定，动作也易于掌握。在初步掌握动作后，再开始练习正手快攻、远拉攻、台内攻球、扣杀、侧身正手攻球等技术。反手攻球也是一样，逐步由浅入深，由易到难。

一、正手攻球技术

1. 正手快攻

（1）技术特点：站位近、动作幅度小、击球速度快，借球的反弹力还击，可以缩短对方准备回击时间，争取主动，为进攻创造条件，运用得好可以充分发挥快攻的优势。

（2）动作要领：左脚稍前，身体离球台约40cm。击球前持拍手臂要右前伸迎球，前臂放松，球拍呈半横状。当球从台面弹起，前臂、手腕向前上方挥动，同时内旋转腕，拍型稍前倾，在上升期时，击球中上部。触球时拇指压拍，加快手腕内旋速度，使拍面沿球体做弧形运动。击球后，球拍挥至头部高度。

2. 正手快点

（1）技术特点：动作小、出手快、线路活，回球带有突然性，可以有效地控制台内小球，为前三板技术争取到主动。

（2）动作要领：站位近台，右方大角度来球时上右脚，中间或偏左方时上左脚。手臂自然弯曲，前臂伸向台内，根据来球旋转程度调整拦型角度。当来球处于高点期时击球，来球下旋强时，拍面稍后仰，击球中下部，前臂、手腕向前上方发力；下旋弱时，拍型接近垂直，击球中部，前臂、手腕向前为主，配合向上用力；来球上旋时，拍型稍前倾，击球中上部，前臂、手腕向前用力。

3. 正手快带

（1）技术特点：出手快、弧线低、落点变化灵活。主要用于对付弧圈球，可以降低对方的回球质量，为本方进攻创造机会。

（2）动作要领：左脚稍前，站位近台，上臂贴近身体，手臂自然弯曲、内旋，拍面前倾。手臂、手腕向左前方迎球，腰髋向左转动。当球至上升期时，拍面前倾，击球中上部，配合腰髋转动和身体重心及手臂向前的力量。在借力中发力，稍向前摩擦，手腕注意不要晃动。

4. 正手拉攻

（1）技术特点：出手快、线路活、动作小。在对付下旋发球、搓球及削球时，可以为扣杀创造条件，是一项有效的过渡技术，又称作快拉。

（2）动作要领：前臂下沉，引拍至身体右后下方，略低于来球。上臂带动前臂加速向左前上方挥动迎球，在高点期或下降前期触球，当来球下旋强时，拍面稍后仰，击球中下部，多向上摩擦；下旋弱时，拍面接近垂直，击球中部，向上摩擦成分略少。

5. 正手扣杀

（1）技术特点：动作幅度大、力量强、球速快。通常使用于对方回接出半高球时使用，是比赛中重要的得分手段。

（2）动作要点：左脚稍前，准备时向右后方引拍，稍高于台面，球拍呈半横状。当球处于高点时，上臂带动前臂由后向前发力。将触球时，前臂加速用力向左前挥击，手腕跟着转动。击球时，拍型稍前倾。球拍触球瞬间，整个手臂力量发挥到最大限度，腰部配合向左转动。击球后，随势将拍挥至左胸前，重心由后脚移至前脚。

6. 正手攻滑板

（1）技术特点：速度慢，带有侧旋，弧线向右偏斜，回球角度大。合理运用这一技术，可以增加对方回球难度，为自己的进攻创造条件。

（2）动作要领：重心在左脚，手臂自然弯曲，球拍位于身体右侧呈半横状。手臂由右向左移动，在高点期时，击球左侧面，触球瞬间手腕外展顺势向左滑板使球左旋，击到对方角。击球后，手腕继续向左挥动。

二、反手攻球技术

1. 反手快拨

（1）技术特点：动作小、出手快、线路活，借来球反弹力还击。具有一定的速度和力量，但攻击性不足。此项技术多为横拍选手用以对付强烈上旋来球、直拍推挡或反手进攻。

（2）动作要领：两脚平行开立，站位较近。手臂自然弯曲并外旋，拍型稍前倾，引拍至腹前偏左。来球至上升期时，前臂加速挥动并外旋，拍型前倾，击球中上部，借来球力量向前方挥击。

2. 反手快点

（1）技术特点：同正手快点。

（2）动作要领：站位近台。左方近网来球，左脚向左前方上一步；中间偏左来球则右脚向前上步。前臂以肘为轴向前挥动，根据来球旋转程度调整拍型角度。当来球处于高点期时击球，下旋强时，前臂、手腕向前上方发力，拍面稍后仰，击球中下部；下旋弱时，前臂、手腕向前发力，拍面垂直，击球中部。

3. 反手快带

（1）技术特点：同正手快带。

（2）动作要领：站位近台，两脚平行开立。前臂外旋拍面前倾，引拍至身体左前方。来球处于上升期时，借助腰髋的转动，前臂迅速伸入台内迎前带击，球拍略高于来球，击球中上部，以借力为主。

4. 反手扣杀

（1）技术特点：同正手扣杀。

（2）动作要领：右脚稍前，站位离台稍远，腰髋向左转动，向左后方引拍，注意引拍应稍高。来球处于高点期时，腰髋向右转动，肘关节内收，上臂带动前臂在身前横摆，向前下方加速摆动，拍面稍前倾，击球中上部，注意瞬间发力要集中，手腕控制好拍面角度。

5. 反手拉攻

（1）技术特点：动作较大，靠主动发力击球，是还击左方来的下旋球的有效方法。遇搓球或攻削球时，运用它可以争取主动或直接得分。

（2）动作要领：右脚稍前，球拍向左下方移动，引拍至腹前偏左，球拍略下垂并稍低于台面，拍型稍后压。击球时，上臂稍向前，配合外转腕动作，前臂向右前上方迅速挥动，在下降期时，击球中部或中下部，借助腰部用力。击球后，随势将球拍挥至额前，重心移至右脚。

第九章

乒乓球各项素质的练习

第一节 力量素质

在力量训练中，要注意动力性力量和静力性力量的关联和区别。动力性力量是指动作时肌肉张力不变，收缩时肌肉长度发生变化；静力性力量是指动作时肌肉的长度不变，但肌肉张力对用力程度发生变化，因此也称等长收缩。乒乓球运动中最主要的快速力量，即单位时间肌肉收缩所能达到的最大力量，也称爆发力，它属于动力性运动。

力量训练的安排上要重点突出，兼顾全面，同时还要考虑运动员的个体差异，根据个人的年龄、性别、技术特点以及训练水平合理选择训练内容和训练量。少年运动员应注重发展基础力量，结合专项力量；具有一定水平和训练年限的运动员则应着重发展专项力量，结合发展基本力量。

1. 发展上肢的训练方法

（1）用轻量哑铃规定时间做各种挥拍动作练习。

（2）正握哑铃弯举，并做外旋动作练习，持瓶转手腕练习。

（3）反握哑铃弯举，做前臂绕环。

（4）双手持哑铃于肩上做前臂绕环。

（5）多球扣杀半高球，规定板数、时间。

2. 发展下肢的训练方法

（1）肩负杠铃负重半蹲，做静力练习或下蹲做慢速动力练习。

（2）肩负杠铃做侧滑步、侧跨步和跳跃的练习。

（3）腿绑沙袋进行跳跃练习。

（4）快速提踵练习，单、双脚进行连续跳跃障碍物的练习。

第二节　速度素质

乒乓球运动中，速度是指人在某种条件下，以最短时间完成某一击球动作的能力。乒乓球运动员需要的专项速度是非周期性的单个动作速度，即为击球时的摆臂速度和调整击球位置的移动速度。

1. 提高反应速度的练习

（1）根据教师的口令做快速挥拍练习。

（2）观察教师的手势，沿球台做不同方向的滑步练习。

（3）听信号做急停急跑练习。

（4）对墙距1.5m左右站立，教师在学生背后用多球对墙供球，练习者连续还击从墙上反弹回来的球。

（5）目视教师向上击球，练习者按旋转球落台反弹的方向原地转一周后，沿球台跑一周。

2. 提高移动速度的练习

（1）定时计数或定量计时的步法移动练习。

（2）以左右侧前、侧后移动摸球台两角。

（3）推、侧、扑练习。

（4）加快多球供球速度，迫使练习者加快步法移动速度。

（5）沿球台变向跑一周，要求练习者始终保持面向一个方向。

第三节　灵敏素质

乒乓球运动中，灵敏素质是中枢神经系统对运动器官的支配能力。练习时，应以完成动作的准确性与快速的程度的练习为主。

（1）不同步法抛接不同方向的乒乓球。

（2）看手势做步法移动并做相应动作。

（3）多球练习中的不定点摆速。

（4）交叉步侧向跑。

（5）传球抢截游戏。分两组，每组3~4人，手持球拍在限定范围内，进行传球抢截游戏。

（6）两人传球进行接力赛。

第四节　耐力素质

乒乓球比赛中，要求迅速判断，快速反应、移动，合理击球。它是一个连续的运动过程，从挥拍击球到回合间隙，运动强度不断发生变化，这就要求运动员要有良好的耐力素质作为基础。

（1）800~1000m变速跑。

（2）3分钟长短球步法练习。

（3）利用多球连续扣杀。

（4）3分钟左推右攻练习。

（5）3分钟各种步法练习。

第十章

评价标准及要求

一、考试内容

1. 推挡与正手攻球各1分钟

考生与陪试教师或学生进行正手对攻和推挡测试，计考生击球数量。若陪试者失误，则可计考生累计数量。

2. 每人测试两次，取成绩最好的一次

二、评分标准

推挡35分，正手攻球35分，共70分。

（1）35分：对推、对攻30板以上，动作正确规范到位，身体协调灵活，落点准确，进步幅度大。

（2）30分：对推、对攻25板以上，动作正确规范，落点基本准确，身体协调性较好，进步明显。

（3）25分：对推、对攻20板以上，动作连贯，较慢，身体协调性稍差，落点不准。

（4）20分以下：对推、对攻20板以下，动作不规范，落点不准，身体不协调。

三、学习态度（20分）

教师在上课过程中，对学生学习态度、练习表现按A、B、C、D、E五个等级进行评价，每学期进行一次。

20~18分：A

17~16分：B

15~14分：C

13~12分：D

11分以下：E

四、考勤（10分）

旷课一次扣2分，迟到、早退、病事假一次扣1分，学期末累计。

羽毛球

第一章

羽毛球运动常识

第一节 羽毛球运动的起源与发展

一、羽毛球运动的起源

1. 古代羽毛球运动

14—15世纪时的日本，当时的球拍为木质，球是樱桃核插上羽毛做成的。这种游戏流行的时间不长便消失了。

18世纪时，在印度的蒲那城，出现了类似今日羽毛球活动的游戏，以绒线编织成球形，其上插羽毛，人手持木拍，隔网将球在空中来回对击。

据考证，几千年前的远古时期，华夏大地就有类似羽毛球的游戏活动存在。例如，苗族祖先在正月间把一些五颜六色的鸡毛做成花毽，然后成群结队地玩"打花毽"游戏。游戏在称做"毽塘"的场地上进行。游戏开始，姑娘先向小伙子抛出花毽，然后小伙子用手掌将花毽打回姑娘一方，一来一往，尽量使之不落地，这种游戏称做"打花毽"。

2. 现代羽毛球运动

现代羽毛球运动诞生在英国。1873年，在英国格拉斯哥郡的伯明顿镇，有一位叫鲍弗特的公爵，在庄园里进行了一次"蒲那游戏"的表演。因这项活动极富趣味性，所以，很快就风行开来。此后，这种室内游戏迅速传遍英国，"伯明顿"（Badminton）即成为英文羽毛球的名字。

二、羽毛球运动的发展

1877年，第一本羽毛球比赛规则在英国出版。

1893年，在英国成立了世界上第一个羽毛球协会。1899年，该协会举办了第一届"全英羽毛球锦标赛",每年举办一次,沿袭至今。

羽毛球运动从斯堪的纳维亚传到英联邦各国,20世纪初流传到亚洲、美洲、大洋洲,最后传到非洲。

1934年,成立了国际羽毛球联合会,总部设在伦敦。

1939年,国际羽毛球联合会通过了各会员国共同遵守的《羽毛球竞赛规则》。

20世纪20年代到40年代,欧美国家的羽毛球运动发展很快,其中,英国、丹麦、美国和加拿大的水平相当高。50年代亚洲羽毛球运动发展很快,马来西亚取得两届汤姆斯杯赛冠军。同时,印度尼西亚队在技术和打法上有所创新,并很快取得了霸主地位。60年代以后羽毛球运动的发展逐渐移向亚洲。

1981年5月,国际羽毛球联合会恢复了中国在国际羽联的合法席位,从此揭开了国际羽坛历史上新的一页,进入中国羽毛球选手称雄世界的辉煌时代。

在1988年,汉城奥运会上,羽毛球被列为表演项目;在1992年,巴塞罗那奥运会上,羽毛球被列为正式比赛项目。从此,羽毛球运动进入新的发展时期。

1. 规则的演变

羽毛球游戏刚兴起时,没有人数、分数和场地的限制,参与者只需要互相对击。现代羽毛球从伯明顿庄园开始,有了一定的分数、场地和人数限制。1875年,第一本关于羽毛球规则的书在印度的蒲那问世。当时的规则很简单,规定了场地呈长方形,中间挂网的高度,双方对击的要求,并没有单打、双打的区别。随着人们观赏水平的提高及技术、战术的发展,规则也随之变化,出现了单、双打场地的区别及发球区的规定,发球得分及发球得分后的换区等规则。为了使比赛激烈、精彩,又规定了双方打满13平、14平(女子单打打成9平、10平)时要进行加分比赛。现时国际羽联已制定了新的规则,规定只有双方打满14平(女子单打打成10平)时才可进行加分比赛;又将每局比赛之间的休息时间加以限制,力求使羽毛球比赛更加紧张激烈、精彩纷呈。

羽毛球运动设备也是从原始的低级阶段向高级阶段发展的。羽毛球从开始时的硬纸板和绒线团到木托用皮包起来,再发展到用14~16根高级羽毛插在软木托口;羽毛球拍从木板发展成椭圆形穿弦木拍。后来,规则规定球拍重95~120g,拍框长25~25.5cm,宽20~20.5cm,拍柄长39.5~40cm,其制作材料也发展成木框钢管拍、铝合金拍、碳素纤维拍、钛合金拍。选择球拍时,应以较轻、牢固而有弹性、握在手里舒适为原则。

2. 世界羽毛球运动组织

1875年，第一个军人羽毛球俱乐部在英国成立。1893年，英国已有14个羽毛球俱乐部，他们举行会议，正式成立了英国羽毛球协会。当时，英国羽毛球协会对羽毛球运动的开展、提高和传播起了积极的推动作用。这项运动首先在欧洲传播，然后发展到美洲、亚洲和澳洲。20世纪二三十年代，加拿大、丹麦、马来西亚等国也相继成立了羽毛球协会。

为了推动世界羽毛球运动的发展，1934年，由英格兰、法国、爱尔兰、苏格兰、荷兰、加拿大、丹麦、新西兰和威尔斯九个羽毛球协会共同协商成立了国际羽毛球联合会（简称国际羽联）。第一任主席是汤姆斯，总部设在伦敦。

国际羽联的成立对羽毛球技术、战术的发展起了促进作用，除了传统的全英羽毛球锦标赛照常举行外，在1948年增设了汤姆斯杯赛（世界男子团体锦标赛），1956年增设了尤伯杯赛（世界女子团体锦标赛），并相继举办了世界羽毛球锦标赛、世界杯赛等，使世界羽毛球运动又向前迈进了一大步。

基于当时的政治原因，以中国为首的许多国家的羽毛球协会未能加入国际羽联，使一些国际性比赛相对逊色，没能真正体现世界级水平。直至1978年，在香港成立了世界羽毛球联合会（简称世界羽联），先后举办了两届世界羽毛球锦标赛，中国共荣获8项冠军，表明中国羽毛球运动已达到世界最高水准。为了推动世界羽毛球运动健康、稳步地发展，经过许多国家羽毛球界的共同努力，在1981年，国际羽联和世界羽联正式合并，组成了新的国际羽毛球联合会（简称国际羽联），使世界羽毛球运动产生了新的飞跃，出现了欣欣向荣、生机勃勃的景象。目前，国际羽联已有94个国家和地区参加，国际奥委会已把羽毛球比赛列入奥运会的正式比赛专案，羽毛球运动出现了前所未有的最佳发展时机。

三、技术与战术的发展

羽毛球运动从开创至今，技术与战术的发展从简单到全面，从全面到快速灵活，从快速灵活到多变，其中产生了几次飞跃。

第一次飞跃是在开创时期，这一时期英国选手垄断整个世界羽坛，虽然他们的技术比较单一，打法陈旧，几乎没有战术变化，但是，他们的技术水平一直处于领先地位，为羽毛球运动传播到全世界立下了头功。1939年，丹麦、加拿大等国选手以良好的体力和进攻型战术向英国选手发起了挑战，打破了英国选手称霸羽坛的局面。在第36届全英锦标赛上，英国选手仅获一枚混双金牌；第37届、38届全英锦标赛冠军全被丹麦选手囊括而去。

第二次飞跃是在20世纪50年代至60年代中期，这是羽毛球的技术与战术全面发展的时期，男子技术优势从欧洲全面转向亚洲，形成了亚洲人在世界羽坛上称雄的局面。

在50年代，亚洲以马来西亚、印尼选手为代表，他们主要以拉、吊来控制球的落点，主要代表人物是马来西亚的王炳顺、庄友明。他们使马来西亚接连三次获得汤姆斯杯赛冠军，包揽了1950—1957年八届全英羽毛球锦标赛男打冠军和1951—1954年四届双打冠军。从1958年开始，羽毛球技术开始向快速、灵活的方向发展，以印尼的陈友福为代表，以较快的速度运用下压抢网和加强扣杀上网的技术击败了以技术性为代表的打法，从此，开创了印尼控制世界羽坛的局面。从1958年至1979年，印尼共七次荣获汤姆斯杯。

在这一时期，中国虽然没有参加正式世界比赛，但技术与战术水平提高得很快，达到了世界先进水平，以汤仙虎、侯加昌为代表的中国选手体现了快攻打法的特点。快攻打法除了脚步移动快，还表现在后场跳起扣杀后快速上网高点击球、两边起跳突击、发球抢攻等方面，特别是他们的快、狠、准、活的技术风格，以绝对优势压倒了印尼队和欧洲队，为推动世界羽毛球运动的发展做出了巨大贡献。从此，中国的快攻技术开始被国际羽坛所接受。到60年代末70年代初，在研究中国技术特点的基础上，世界羽坛注重了速度和进攻，发展了新技术，出现了以印尼梁海量为代表的劈杀技术，以林水镜为代表的双脚起跳扣球技术，使世界羽毛球技术的水平迅速提高。

第三次飞跃是80年代，世界羽坛技术与战术向快速进攻、全面、多变的方向发展。以中国、印尼、印度、丹麦、马来西亚、韩国为代表的各国选手打法更全面，变化更多，速度更快，特长突出，攻守兼备而各领风骚，在技术上已达到炉火纯青的地步，进入世界羽毛球运动史上的巅峰期。

在80年代初，羽坛代表人物有林水镜、韩健、奎劲、苏基亚图、柏加殊、费罗斯特、米宾·西迪、陈昌杰等。最为突出的典型是林水镜，他速度快、进攻凶狠，而费罗斯特、韩健则以控制对方后场的进攻、加强防守、创造条件抢攻而闻名。

在80年代中后期，羽坛代表人物有杨阳、赵剑华、熊国宝、罗天宁、阿迪、魏仁芳、拉锡克·西迪、朴柱奉、保罗·拉森等。杨阳、赵剑华将"快、狠、准"的打法发展成"拉吊进攻"和"变速突击"的打法；阿迪、魏仁芳发展了技术全面、快速而准确的打法。

到了90年代，名将们的技术达到更加出神入化的地步，新的技术又开始形成。印尼年轻集团军和韩国的凶狠拼搏作风、马来西亚西迪兄弟的拉吊技术以及中国吴文凯、刘军为代表的快攻型打法在世界羽坛上各领风骚。

世界女子羽毛球运动起步较晚，它的技术也是随着男子的技术提高而提高的。20世纪40年代末期至50年代初期，丹麦女子选手的技术领先一步，她们获得全英羽毛球锦标赛七项单打冠军、五次双打冠军。到了50年代中期至60年代中期，美国女选手吸收了男子快攻、拉吊等羽毛球打法，竞技实力显著增强，从1954年至1967年的14届全英锦标赛上，她们获得了13次女单冠军，并获得3届优杯赛冠军。60年代末期，日本女队在进攻的基础上加强了防守，以严密的防守，寻找进攻机会，从而显示了相当的优势。她们从1965—1981年接连5次获得优杯赛冠军，6次获得全英锦标赛女单、女双冠军。

中国女子羽毛球从50年代起步，到60年代达到世界先进水平。当时以陈玉娘、梁小牧、梁秋霞为代表的中国女选手，学习男子技术动作，以快速、灵巧的技术在各种场合击败过世界冠军。到了80年代，中国女子羽毛球队和男子队一样，全面走向世界，以张爱玲、韩爱萍、李玲蔚等为代表的中国女队，技术全面、打法多变、主动积极、快速突击性强，开创了世界女子羽毛球技术与战术的全盛时期。

90年代出现了以中国的唐九红、黄华、叶钊颖和印尼的王莲香、韩国的方铢贤等为代表的世界级优秀选手，表明女子技术动作已接近男子技术水平，比赛更加紧张激烈。

第二节 羽毛球运动的特点与价值

一、羽毛球是一种全身运动项目

有人说羽毛球运动是一项能够让人眼明、手快、全身得到锻炼的体育项目,这种说法非常贴切。无论是进行有规则的羽毛球比赛,还是作为一般性的健身活动,都要在场地上不停地进行脚步移动、跳跃、转体、挥拍,合理地运用各种击球技术和步法,将球在场上往返对击,从而增大了上肢、下肢和腰部肌肉的力量,加快了锻炼者全身血液循环,增强了心血管系统和呼吸系统的功能。运动中,锻炼者需要运用手腕和手臂的力量握拍和挥拍,还要充分活动踝关节、膝关节、胯关节等部位,做出滑步、踮步和弓箭步等各种步态,所以,对于全身肌肉和关节的锻炼也是很充分的。在捡球、接球的过程中,不断地弯腰、抬头等动作,使腰部、腹部的肌肉也能得到充分锻炼。美国大学运动医学会(ACSM)提出,要达到全身减肥的目的,每天应该做30分钟以上、每分钟心率为120~160次的中低强度有氧代谢运动。据统计,大强度羽毛球运动者的心率可达到每分钟160~180次,中强度心率可达到每分钟140~150次,低强度运动心率也可达到每分钟100~130次。对于普通羽毛球爱好者来说,这恰恰相当于一场低强度单打比赛的运动量。所以,长期进行羽毛球锻炼,减肥功效也是很显著的。长期进行羽毛球锻炼,可使心跳强而有力,肺活量加大,耐久力提高。

长期练习羽毛球的人都会有这种感受:通过经常观察对手挥拍情况和高速飞行中的球,有经验的运动员能像武林高手一样,在对手击球的一瞬间看清楚球拍翻转变化的微小动作。其实,让人练得"眼明手快"的原因很简单,因为运动中的羽毛球速度很快(据统计,一名优秀运动员的击球速度能达到每小时350公里),这就要求对方球员的眼睛紧紧追寻高速飞行的球体,眼部睫状肌不断收缩和放松,大大促进了眼球组织的血液供应,从而改善了睫状肌的功能,长期锻炼就能提高人的视觉灵敏度和眼睛的反应能力。对于普通爱好者,尤其是中老年人和过度使用眼睛的人来说,如果能坚持练习,视觉敏感度将会明显提高。羽毛球运动要求练习者在短时间内对瞬息万变的球路做出判断,果断地进行反击,因此,它能提高人体神经系统的灵敏性和协调性。

二、可调节运动量

　　羽毛球运动适合于男女老幼，运动量可根据个人的年龄、体质、运动水平和场地环境的特点而定。青少年可作为促进生长发育、提高身体机能的有效手段进行锻炼，运动量宜为中强度，活动时间以40～50分钟为宜。适量的羽毛球运动能促进青少年增长身高，能培养青少年自信、勇敢、果断等优良的心理素质。老年人和体弱者可作为保健康复的方法进行锻炼，运动量宜较小，活动时间以20～30分钟为宜，达到出出汗、弯弯腰、舒展关节的目的，从而增强心血管和神经系统的功能，预防和治疗老年心血管和神经系统方面的疾病。儿童可作为活动性游戏方法来进行锻炼，让他们在阳光下奔跑跳跃，并要求他们能击到球，培养他们不畏困难、不怕吃苦、不甘落后的品质。

三、简便性

1. 不受场地的限制

　　羽毛球活动对设备的基本要求比较简单，只需两个球拍、一个球和一条绳索即可。正规比赛场地面积仅65～80m²，长13.40m，宽6.10m（双打）或5.18m（单打），平时进行羽毛球活动只要有平整的空地就可以了。在风不大的情况下，可以在户外进行活动，只要把球网架起来，就可以在一定长度和宽度的空地上画上几条线，双方对练。因此，它不仅可以在正规的室内运动场进行，也可以在公园、生活小区等处广泛地开展。当它作为户外运动时，还可使锻炼者吸入新鲜空气，受到阳光照射，改善人体的血液循环和新陈代谢，同时感受大自然的美丽，在运动中怡心健体。

2. 集体、个人皆宜

　　羽毛球运动既可单兵作战（两人对练），又可集体会战（双打练习或三人对三人对练）。单人对练时，练习者可以随心所欲地打出任何弧线、任何远度，以及任何力量、速度和任何落点的球来；集体会战则可以使练习者养成协调配合的习惯，培养集体主义精神。

3. 不受年龄、性别的限制

　　羽毛球运动的游戏性较强，运动量可大可小。身强力壮的年轻人可以将球打得又刁又重，拼尽全力扑救任何来球，尽情散发出自己的青春气息；年老体弱的练习者可以把球轻轻地击来打去，根据自己的要求来变换击球节奏，从而达到锻炼身体、延年益寿的功效，既活动了身体，又娱乐了心情。不同年龄、不同性别以及不同体质的人都能在羽毛球运动中找到乐趣。

四、娱乐性

1. 自娱性

羽毛球作为一种娱乐活动，参与者在球的对击过程中，通过不停地奔跑和身体的变化，努力地把球击到对方的场地。每当击球者在击出一个好球或赢得一个球时，都能使自己兴奋并达到一种成功的喜悦。同时，球的飞翔又有快慢、轻重、高低、远近、狠巧、飘转等变化，使这种运动本身充满了丰富的乐趣。

2. 观赏性

由于羽毛球技术的千变万化，使羽毛球运动有很高的可观赏性。如猛虎下山般的上网技术，蛟龙出水一样地跳起击球，身如满弓地扣杀，犀牛望月似地抢扑救球，进攻时似高屋建瓴、势如破竹，防守时若绵绵细雨、固若金汤。一切都在展示着羽毛球运动的力与美，使观赏者像吟读一首动人的诗，如浏览一幅悦目的画，令人心旷神怡，流连忘返。

五、锻炼性

1. 增强体质

羽毛球运动可以全面增强人的体质。前场、后场快速移动击球，中后场的大力扣杀球，被动时的扑救球，双打的换位击球等都需要练习者有较好的力量素质、速度素质、耐力素质、灵敏素质、柔韧素质以及快速的反应能力。扣杀需要力量；在双方对拉回合的过程中，为了取得主动需要有较快的速度、耐力和速度耐力；在扑救球时（多半是被动情况），又需要有很好的灵敏性和柔韧度；双打中，又需要极快的反应与判断能力。因此，经常从事该项体育活动，可以发展人体的灵活性、协调性，可以提高人们上下肢及躯干的活动能力，改善呼吸系统和心血管系统的功能，提高有氧供能和无氧供能的能力，调节神经系统，并提高其抗乳酸的能力。这项活动还能起到增进健康、抗病防衰、调节精神的作用。

2. 培养意志

羽毛球运动因其竞争性、对抗性、大强度等诸多因素的要求，使意志品质在该项运动中占有非常重要的地位。羽毛球比赛经常遇到这类情况，即运动员出现了"极点"：喘不上来气、身体无力、眼前发黑、感觉自己再也坚持不下去了。这种现象不是一方出现，在势均力敌的情况下，往往是双方先后都会出现的，甚至几乎是同时出现（如一个球打了很多回合），这时就看谁能再坚持一下，胜利往往存在于再坚持一下之中。那么靠什么去坚持，就要靠顽强的意志品质和坚定的信念。即使不在比赛中，这项活动也需要较强的意志，否则你将不能很好地完成该项练习，并使练习中应该产生的愉悦、趣味及锻炼价值荡然无存。

3. 陶冶心理

羽毛球活动包括对对方战术意图的揣摩，对各种战机的把握，对自己运用什么战术的选择等智力因素，因此，经常从事该项运动，可以使人思维敏捷。同时，比赛的紧张、竞争的激烈，会使练习者的心理素质得到很好地锻炼。在竞争中，强化进取精神，使人的智、勇、技在竞争与对抗中得到升华。经此磨炼，将逐渐能够做到临危不乱，泰然处之，既增长了智慧又陶冶了心理，不仅能在羽毛球活动中应付自如，而且能以良好的心态、正确的人生观去面对事业、家庭、荣辱等。

第二章

羽毛球技术动作

第一节 握拍（右手持拍为例）

羽毛球拍握法正确与否，对于掌握和提高羽毛球技术水平，有着重要的影响。羽毛球技术中的握拍和指法是多种多样的，但是，基本的握拍法有两种，即正手握拍法和反手握拍法。

1. 正手握拍法

正手握拍方法是先用右手拿住球拍杆，使拍面与地面垂直，然后张开右手，使手掌下部靠在球拍的握柄底托，虎口对着球拍柄窄的一面，食指、无名指、中指自然并拢，食指与中指稍分开，自然地弯曲并贴在球拍柄上（见图2-1）。

图2-1 正手握拍法

2. 反手握拍法

在正手握拍的基础上，拇指和食指将拍柄稍向外转，拇指顶点在拍柄内侧的宽面上或内侧棱上，中指、无名指和小指并拢握住拍柄，柄端靠近小指根部，使掌心留有空隙。球拍斜侧向身体左侧，拍面稍后仰（见图2-2）。一般说来，击身体左侧的来球，大都先转体（背对网），然后用反手握拍法击球。

图2-2 反手握拍法

正手网前搓球的握拍：虎口对着拍柄窄面的小棱边，拇指和食指贴在拍柄的两个宽面上，食指和中指稍分开，中指、无名指和小指并拢握住拍柄，

图2-3 正手搓球握拍法

155

掌心不要紧贴，拍柄端与近腕部的小鱼际肌平，拍面基本与地面垂直（见图2-3）。正手发球、右场区各种击球及左场区头顶击球等，一般都采用这种握拍法。

反手网前搓球的握拍：在正手握拍的基础上，拇指、食指、中指和无名指稍松开，拍柄离开掌心，同时使球拍稍向内转，拇指贴在拍柄内侧的上小棱边上，食指第三关节贴在拍柄外侧的下小棱边上（见图2-4）。

图2-4 反手搓球握拍法

第二节 发球与接发球动作要领（右手持拍为例）

1. 发球

发球技术可分为正手和反手球技术。一般来说，发网前球、发平高球、发平快球均可采用正手或反手发球法而发高远球则必须采用正手发球法。根据学校的实际情况，学生要求掌握正手发长远球和反手发网前球。发高远球是指把球发得又高又远，使球向对方后场上方飞去，球的飞行路线与地面的形成角度要大于45°，使球在对方场区底线附近垂直下落（见图2-5）。

图2-5 发高远球

（1）反手发网前球。

反手发网前球就是运用反手发球技术把球发至对方发球区内前发球线附近，击球时球拍由后向前推送击球，使球运行的弧线最高点略高于网顶，球拍触球时，拍面呈切削式击球，使球落到对方场区的前发球线附近（见图2-6）。

图2-6　反手发网前球

（2）接发球的站位和姿势。

单打站位：一般是在离发球线1.5m处，站在右发球区靠近中线的位置；在左发球区，则站在中间的位置。这样站的目的主要是防备对方直接进攻反手部位。一般左脚在前，右脚在后，双膝微屈，收腹含胸，身体重心放在前脚上，后脚脚跟稍抬起。身体半侧向球网，球拍举在身前，双眼注视对方（见图2-7）。

图2-7　接发球的姿势

（3）接发各种来球。

对方发高远球或平高球时，可用平高球、吊球或杀球还击。一般来说，接发高远球是一次进攻的机会，还击得好，就掌握了主动。一些初学者常因后场技术没掌握好，还击球的质量较差，以致遭到对方的攻击。如图2-8所示。（虚线为对方发来的高远球，"1"为还击高球；"2"为还击吊球；"3"为还击杀球）

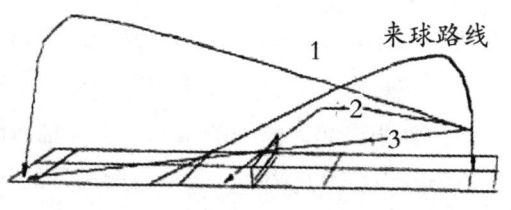

图2-8　对高球的回球路线

157

对方发来网前球时，可用平高球、高远球、放网前球、平推球还击；若对方发球质量不好，也可用扑球还击。要洞察对方发网前球的意图，如果是要发球抢攻，而自己的防守能力又不强，那么，就用放网前球或平推球还击，落点要远离对方的站位，控制住球，不让对方进攻。当对方连续发球抢攻时，接发球一定要冷静、沉着，若疏忽麻痹，回球质量稍差，就可能让对方抢攻得手（见图2-9）。对方发来平快球时，可用平推球、平高球还击，以快制快。由于接球方还击的击球点比发球方高，下压得狠些可以夺取主动。其次，亦可以高远球还击，以逸待劳。不能仓促还击网前球，因为击球质量稍差，就有可能遭受对方的进攻。

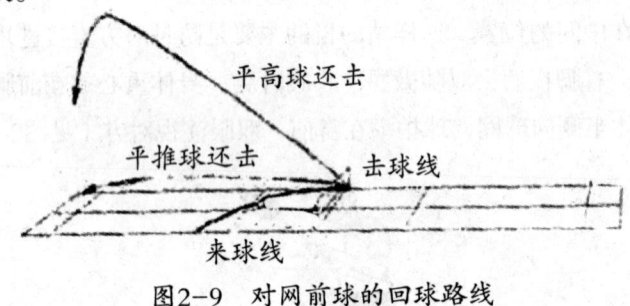

图2-9 对网前球的回球路线

第三节 羽毛球场上步法

1. 起动

从中心位置上的准备接球姿势转为向击球位置上出发，称为起动。一场比赛要起动几百次（基本上是每回击一拍起动一次）。要做到起动快，必须反应敏捷、判断准确和起动的准备姿势正确。准备姿势可分为两种，一种是接发球姿势（必须按规则要求原地站立），应该左脚在前，右脚在后，侧身对网，重心在前脚，右脚跟离地，双膝微屈，收腹含胸，放松提拍屈肘举在胸前，两眼注视对方发球动作；另一种是双方对打过程中的准备姿势，应该是右脚在前，左脚在后，脚前掌着地，脚跟提起，膝关节微屈，上体稍前倾，重心落在两脚之间，持拍于腹前，整个姿势要协调放松，保持一触即发的起动姿态。

2. 移动

主要指从中心位置起动后到击球位置的移动方法。移动的基本步法有垫步、交叉步、小碎步、并步、蹬转步、蹬跨步和腾跳步等。运用这些方法，构成了从中心位置到场区不同位置击球的组合步法——后退步法、两侧移动步法和上网步法。自中心位置到击球点的步数，一般用一步、两步或三步，这必须根据当时球离身体的远近来决定。影响移动速度的因素有步数的多少、步频的快慢和步幅的大小，下面将各种移动的基本步法介绍给大家。

（1）垫步。当右（左）脚向前（后）迈出一步后，后脚跟进，紧接着以同一脚向同一方向再迈一步，为垫步。垫步一般作为调整步距用。

（2）交叉步。左、右脚交替向前、向侧或向后移动为交叉步。经另一脚前面超越的为前交叉步，经另一脚后面超越的为后交叉步。交叉步一般在后退打后场球时使用得较多。

（3）小碎步。以小的交叉步移动的称为小碎步。由于步幅小、步频快，一般在起动或回动起始时用。

（4）并步。右脚向前（或向后）移动一步时，左脚即刻向右脚跟并一步，紧接着右脚再向前（向后）移动一步，称为并步。

（5）蹬转步。以一脚为轴，另一脚向后或向前蹬转。

（6）蹬跨步。在移动的最后一步，左脚用力向后蹬的同时，右脚向来球的方向跨出一大步，称为蹬跨步。它多用于上网击球，在后场底线两角移动抽球时也常采用。

（7）腾跳步。起跳腾空击球的步法为腾跳步。它可分为两种，一种是上网扑球或向两侧移动突击杀球时，以领先的脚（或双脚）起跳，做扑球或突击杀球；另一种是对方击来高远球时，用右脚（或双脚）起跳到最高点时杀球。

（8）回动（回中心位置）。击球后，应尽力保持（或尽快恢复）身体平衡，并即刻向中心位置移动，以便在中心位置上做好迎击下一个来球的准备，称为回动。初学者往往缺乏"回中心"的意识，哪里打完球就停在哪里，这是必须改正的。当然，运动员随着比赛经验的积累，逐渐体会到并非千篇一律地每击一次球都必须回中心，而应根据比赛当时的实际情况，根据双方技、战术的特点，选择最合理地回击对方来球的回动路线和回动位置。

第四节　羽毛球后场正手击高远球

动作要领

1. 准备动作要领

左脚在前，右脚在后，侧身使左肩对网，两脚间距与肩同宽，中心在后脚，右手握拍屈臂举羽毛球拍于右侧，左手自然上举，眼睛向上注视来球，使拍面对着球网。

2. 引拍动作要领

羽毛球拍上提并后引，使躯干呈微微的反弓形。同时，身体向左转动或面向球网。此时，右肘上提，使拍框在身后下摆，形成引拍的最长距离。

3. 挥拍击球动作要领

挥拍击球动作从后脚后蹬开始，紧接着转体、收腹，肘部向前摆动，并以肘为轴，以肩为支撑点，前臂旋内加速向前上方挥动。在击球的一瞬间，主要依靠前臂、手腕和手指的协调用力，取得最佳的速度（手腕的爆发力在挥拍过程中产生较大的挥拍速度）。此时，手腕在内收的状态下迅速屈腕，并握紧拍柄，运用拇指和食指的顶、压动作，产生出最大的爆发力。击球点在右肩上方，持羽毛球拍手臂在几乎伸直的情况下，以正拍面击中球托底部，将球击出。左手协调地降至体侧，协助转体动作。

4. 随前动作要领

击球后，右手顺势向左下方减速摆臂，最后回收至体前。身体重心迅速左转至体前，右脚向前回动一小步，为下一步回中心做好准备。

第五节　羽毛球后场正手吊球

动作要领

（1）准备姿势、引拍和击球后的动作与后场高远球一样（引拍：侧身对网，手臂自然上举，保持身体平衡，两眼注视来球；击球后一样，手向左下方挥动）。

（2）击球动作：高远球是在右肩的最前上方，而吊球要稍偏前一点。因为，击球后球往下走，所以，一定不能过头。大臂带动小臂，手肘上抬，手腕上倒，回环引拍，击球时从伸腕到曲腕带动手指捻动发力。

注：球越贴网，质量越高，靠手指手腕来控制。

外旋，切击球托的后部的右侧，主要靠手腕、手指控制发力，并将球拍往前下方送。

注：吊斜线，包切的动作要大些，基本上是球托的右侧；吊直线，包切的动作要小些。

第六节　正手平抽（快打）

动作要领

两脚分开，右脚稍前，左脚在后，两膝弯曲呈半蹲式，正面握拍，举起球拍，拍面超过头顶。当判断来球是在头顶上时，身体稍往前移，同时左脚往前跨一小步，右脚稍微伸直呈左弓箭步，把击球点选在右肩的前上方。上臂向前上方抬起，肘弯曲，前臂稍后摆带有外旋，引拍于头后。击球时，前臂向前，手腕由后伸至前屈闪动挥拍击球托的后部，使球平直、急速地飞向对方中间场区附近。击球后，球拍随势前盖，右脚往左前方迈一步，站在中线两侧稍偏后的位置上，球拍由左下回举至前上方，准备迎击第二次来球。

第七节　放网前球

动作要领

1. 正手放网前球

当对方将球击至自己正手网前时，以正手握拍法，用球拍轻轻切、托，将球向上弹起，恰好一过网就朝下坠落，其一般的动作是：侧身向球的方向移动，上身稍前倾，右手握拍于体前。步法移动的最后一步是右脚向来球方向。跨大弓箭步，身体重心要提高，前臂伸向来球，要往前上方举，稍上仰，斜对网。争取高点击球，握拍放松稍收腕，向球托斜侧击或搓切。击球过程中，左手要向后平举以协调动作。挥拍的力量、速度和拍面角度的大小，主要取决于来球离网的远近和速度的快慢。来球离网远，速度快些，则放球时的力量要大些；反之，则力量要小些。放网后，身体还原准备姿势。

2. 反手放网前球

击球前的动作要领同正手放网前球动作，只是方向相反。反手握拍，反面迎球，击球时，主要靠小臂的前伸、外旋和手腕由内收至外展的合力，轻托底部把球轻松过网。击球后，整个动作还原成下次击球的准备姿势。

第八节　网前挑球

动作要领

1. 正手网前挑球

准备动作同正手放网动作。击球前前臂充分外旋，手腕尽量后伸。击球时，从右下向右前方至左上方挥拍击球。在此基础上，若球拍向右前上方挥动，挑出的是直线高球；若球拍向左前方挥动，挑出的则是对角高球。

2. 反手网前挑球

准备姿势同反手放网动作。击球前，右臂往后拉抬肘引拍。击球时，前臂充分内旋，手腕由屈至后伸闪动挥拍击球。若球拍由左下向左前上方挥动，则球向直线方向飞行；若球拍由左下向右前上方挥动，则球向对角线方向飞行。

第九节　网前搓球

动作要领：

1. 正手网前搓球

击球前，小臂稍外旋，手腕由后伸至稍内收闪动；击球时，在正手放网前球的动作基础上，加快挥拍速度，搓切来球的右下部，使球旋转滚过网。

2. 反手网前搓球

击球前，小臂前伸外旋，手腕由内收至外展状；搓击球的右侧后底部，使球侧旋滚动过网。另外，还可以小臂稍伸直，手腕由外展到内收，带动球拍向前切送，击球托的后底部，使球下旋滚动过网。

第三章

羽毛球战术简介

　　战术与打法的关系是很密切的。在实战中，战术是根据双方的打法和场上的具体情况而定的。"以己之长，攻彼之短"是原则，现简单介绍一些常用的战术。

1. 单打战术

　　（1）发球抢攻战术。从发球的第一拍起，争取控制对方，以攻杀得分。这种战术，一般为发网前低球结合平快球、平高球，争取第三拍的主动进攻。用这种战术对付应变能力较差的对手，或实施于比赛的关键时刻，效果往往很好。实施这一战术时，应有高质量的发球予以保证，否则很难成功。

　　（2）攻后场战术。此战术是通过击高球、重复压对方的底线两角，造成对方的被动，然后寻找机会进攻。用它来对付初学者，或后场还击能力较差，或后退步子较慢以及急于上网的对手是很有效的。

　　（3）攻前场战术。对网前技术较差的对手，可运用此战术先将其吸引到网前，然后再攻击其后场。采用此战术，自己首先要有较好的网前击球技术。

　　（4）打四方球战术。若对手步子较慢、体力较差、技术不全面，可以快速准确地落点攻击对方场区的四个角落，寻找机会向空挡进攻。此战术的主要目的是通过打落点，逼迫对方前后奔跑、被动应付，并在其回球质量下降或露出破绽时乘虚而入而攻之。

　　（5）杀、吊上网战术。对对手打来的后场高球，本方先以杀球配合吊球把球下压，落点选在场区的两条边线附近，致使对手被动回球。若对手回网前球时，本方迅速上网搓球、勾对角球或平推球，创造在中场大力扣杀的机会。这种战术必须能很好控制杀、吊球的落点，在使对方被动回球时，才能主动迅速上网。

　　（6）打对角线战术。对付身体灵活性差、转体较慢的对手，不论是进攻还是防守，均应以打对角线球为主。这样，对方移动困难而被动，为我方创造进攻机会。

（7）防守反击战术。在对方主动进攻、我方被动防守时，我方可高质量地截杀挡网；或抓住对方攻杀力量减弱或落点不好之机会，以平抽底线球还击对方后场，扭转被动局面，并进行反击。

2. 双打战术

双打比赛不仅仅是竞赛双方在技术、战术、体力上的较量，同时也是双打同伴相互配合程度的较量。因此，在学习双打战术之前，首先要了解两人之间站位形式上的配合。一般情况下，有两人一前一后站位和两人分边（左、右）站位两种形式。一前一后站位即在后场的人分管后半场的球，站在前场的人则负责前半场的球。这种站位形式有利于进攻，而不利于防守。所以，一般在本方进攻时多采用此站法。分边站位多在防守时采用，这样，各人分管半边场地，在防守时就没有什么空挡了。站位形式不是固定不变的，它在比赛中随着进攻与防守之间地不断转换而变化，双打轮转站位多在配对选手水平相差不大时采用。如果技术水平悬殊较大，则水平好者固定站在后场，他除了主要负责后半场的来球之外，同时还兼顾中场附近或前场的球。在混双打中，这种前后固定站位形式是较普遍的（男队员站后场，女队员站前场）。

总之，双打比赛对配对之间各方面的要求较高，其配合的方法也较多，初学者要通过实战的练习，才能逐步掌握其规律。

（1）攻人战术。集中攻击对方中有明显弱点的人，并伺机攻击另一人因疏忽而露出的空挡，或对此人偷袭。双打比赛中的配对选手的技术，一般总是一人好，另一人稍差些。即便两人水平相差不多，但若能集中力量攻击其中一人，也可给其造成很大的心理压力，从而使其出现失误。

（2）攻中路战术。当对方分边站位防守时，将球攻击对方两人的中间；当对方前后站位时，可将球下压或平推两边半场。这样可使对方防守时互相争抢或互让而出现失误。

（3）攻后场战术。对方扣杀能力差，本方可采用平高球、推平球、截杀挑底线，把对方一人紧逼在底线两角移动。当对方被动还击时，二人抓住机会大力扣杀。如另一对手后退支援时，即可攻网前空挡。

（4）后攻前封战术。当本方处于主动进攻前后站位时，站在后场的队员见高球就杀或吊网前球，迫使对方接球挡网前，这为本方前场队员创造了封网扑杀的机会。前场队员要积极封锁网前，迫使对方被动挑高球，一旦对手挑高球达不到后场，就为本方创造了再进攻的机会。

（5）防守反攻战术。在防守中寻找反攻的机会，以便摆脱困境，转被动为主动。例如，挑底线高球，即不论对方从哪里进攻，本方都应设法把球挑到进攻者的另一边底线。若对方正手后场攻直线，就挑对角线；若对方攻对角，就挑直线。这是一种较容易争得主动的防守战术，在女子双打中运用更为有效。时机有利，即可运用反抽或挡网前回击对方的杀球，从守中反攻，争得主动权。运用此战术时，要注意挑高球一定要挑到底线，否则将会出现对方连续攻杀而本方无力反击的局面。

第四章

羽毛球规则和裁判法

第一节　羽毛球场地与器材

1. 羽毛球场地标准（见图4-1）

（1）场地应是一个长方形，用宽40mm的线画出。

（2）线的颜色应是白色、黄色或其他容易辨别的颜色。

（3）所有的线都是它所界定区域的组成部分。

（4）当球网被拉紧时［规则1（10）］，网柱应与地面保持垂直。网柱及其支撑物不得伸入场地内。

（5）不论是单打还是双打比赛，网柱都应放置在双打边线上。

（6）球网应由深色优质的细绳编织而成。网孔为均匀分布的方形，边长为15～20mm。

（7）球网上下宽为760mm，全长至少为6.10m。

（8）球网的上沿是用宽为75mm的白带对折成的夹层，用绳索或钢丝从中穿过。夹层的上沿必须紧贴绳索或钢丝。

（9）绳索或钢丝应牢固地拉紧，并与网柱顶取平。

（10）从场地地面起至球网中央顶部应高为1.524m，双打边线处网高为1.55m。

（11）球网两端与网柱之间不应有空隙。必要时，应把球网两端与网柱系紧。

图4-1 羽毛球场地

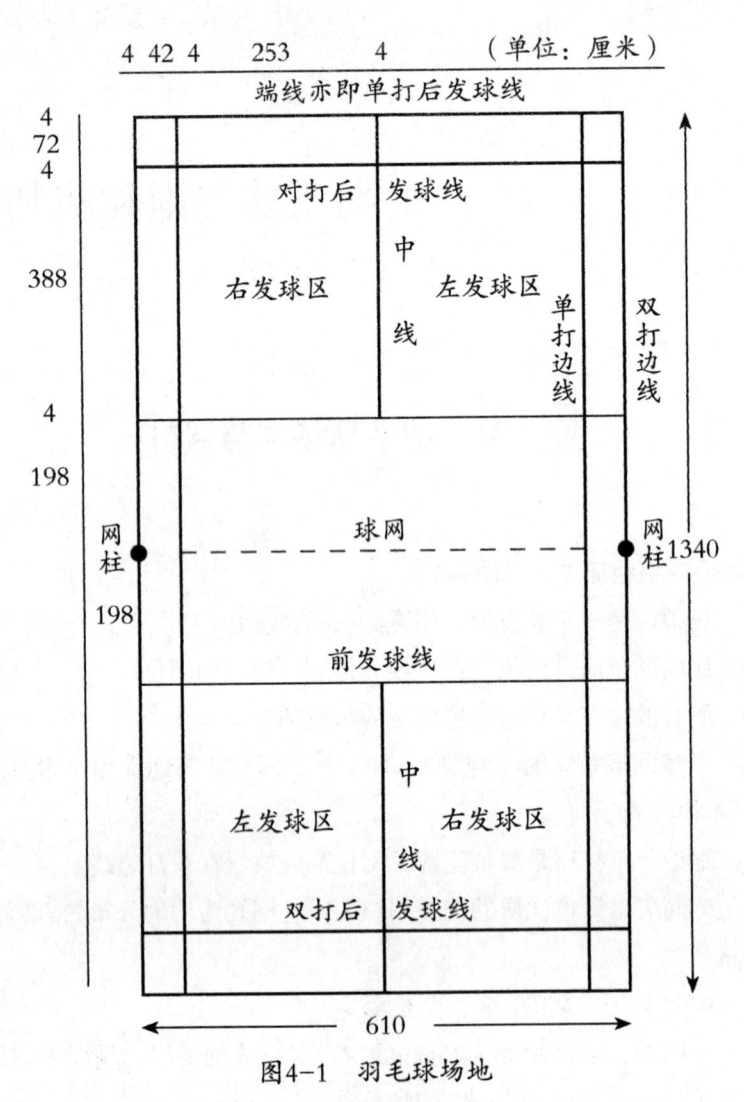

注：

（1）双打场地对角线长14.723m。

（2）以上所示的场地图适用于单、双打两种比赛。

2. 羽毛球

球可由天然材料、人造材料或用它们混合制成。无论是何种材料制成的球，飞行性能应与由天然羽毛和薄皮包裹软木球托制成的球的性能相似。

（1）天然材料制作的球。

① 球应由16根羽毛固定在球托上。

② 每根羽毛从球托面至羽毛尖的长度，统一为62~70mm。

③ 羽毛顶端围成圆形，直径为58～68mm。

④ 羽毛应用线或其他适宜材料扎牢。

⑤ 球托底部为球形，直径为25～28mm。

⑥ 球重为4.74～5.50g。

（2）非天然材料制作的球。

① 球裙由合成材料制成的仿真羽毛代替天然羽毛。

② 球托应如天然材料制作球的⑤所述。

③ 球的尺寸和重量应如天然材料制作球的②③和⑥所述。但由于合成材料与天然羽毛在比重、性能上的差异，允许有不超过10%的误差。

④ 在因海拔或气候等条件下不适宜使用标准球的地方，只要球的一般式样、速度和飞行性能不变，经有关会员协会批准，可以变通以上规定。

3. 球速的检验

（1）验球时，运动员应在端线外用低手向前上方全力击球。球的飞行方向应与边线平行。

（2）符合标准速度的球，应落在场内距离对方端线外沿530～990mm之间的区域内（见图4-2）。

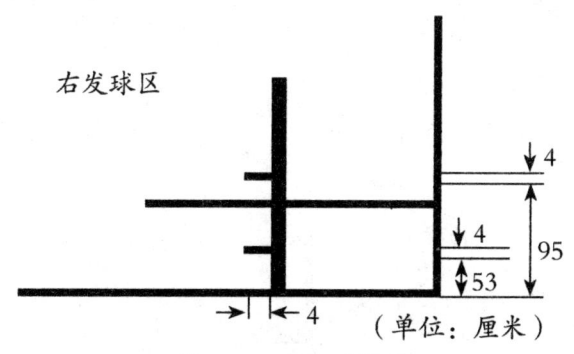

图4-2 球速的检验

4. 羽毛球拍

（1）球拍长不超过680mm，宽不超过230mm，由以下①至⑤所述的各主要部分构成（见图4-3）。

① 拍柄是击球者通常握拍的部分。

② 拍弦面是击球者通常用于击球的部分。

③ 拍头界定了拍弦面的范围。

④ 拍杆通过⑤所述的部件，连接拍柄与拍头。

⑤连接喉（如有）连接拍杆与拍头。

（2）拍弦面。

① 拍弦面应是平的，用拍弦穿过拍头一字交叉或其他形式编织而成。编织的式样应保持一致。尤其是拍弦面中央的编织密度，不得小于其他部分。

② 拍弦面长不超过280mm，宽不超过220mm。拍弦可延伸进连接喉的区域。伸入拍弦区域的宽不得超过35mm，包括拍弦伸入区在内的拍弦面总长不得超过330mm。

（3）球拍。

① 球拍不允许有附加物和突出部，除非是为了防止磨损、断裂、振动或调整重心的附加物，或是为了预防球拍脱手而将拍柄系在手上的绳索，但其尺寸和位置必须合理。

② 球拍上不允许附加任何可能从本质上改变球拍形式的装置。

5. 设备的批准

有关球、球拍、设备以及试制品能否用于比赛等问题，由国际羽联裁定。这种裁定可由国际羽联主动做出，也可根据对其有切身利益的个人、团体（包括运动员、技术官员、设备厂商会员协会或其他成员）的申请而做出。

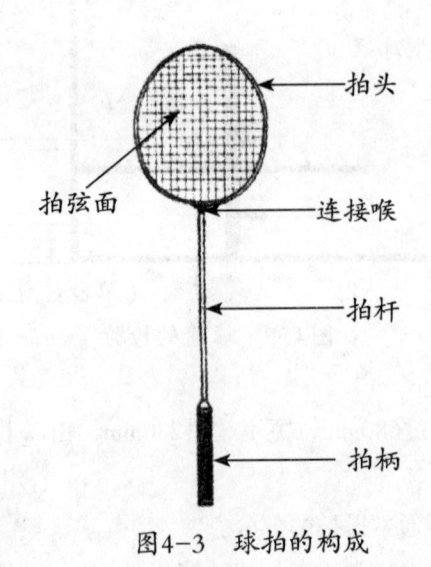

图4-3 球拍的构成

第二节　羽毛球比赛规则

1. 挑边

（1）比赛开始前应挑边。赢方将在①或②中做出选择。

① 先发球或先接发球。

② 在一个场区或另一个场区开始比赛。

（2）输的一方，在余下的一项中选择。

2. 计分方法

（1）除非另有规定，一场比赛应以三局两胜定胜负。

（2）除规则（4）和（5）的情况外，先得21分的一方胜一局。

（3）对方"违例"或球触及对方场区内的地面成死球，则该方胜这一回合并得一分。

（4）20平后，领先得2分的一方胜该局。

（5）29平后，先到30分的一方胜该局。

（6）一局的胜方在下一局首先发球。

3. 交换场区

（1）以下情况，运动员应交换场区。

① 第一局结束。

② 第二局结束（如果有第三局）。

③ 在第三局比赛中，一方先得11分时。

（2）如果运动员未按规则（1）的规定交换场区，一经发现，在死球时立即交换，已得比分有效。

4. 发球

（1）合法发球。

① 一旦发球员和接发球员做好准备，任何一方都不得延误发球。发球时发球员球拍的拍头做完后摆［规则4（2）］，任何迟滞都是延误发球。

② 发球员和接发球员，应站在斜对角的发球区内，脚不得触及发球区和接发球区的界线。

③从发球开始［规则4（2）］，至发球结束［规则4（3）］前，发球员和接发球员的两脚，都必须有一部分与场地的地面接触，不得移动。

④发球员的球拍，应首先击中球托。

⑤发球员的球拍击中球的瞬间，整个球应低于发球员的腰部。腰指的是发球员最低肋骨下缘的水平切线。

⑥发球员的球拍击中球的瞬间，球拍杆应指向下方。

⑦发球开始［规则4（2）］后，发球员必须连续向前挥拍，直至将球发出［规则4（3）］。

⑧发出的球向上飞行过网，如果未被拦截，球应落在规定的接发球区内（即落在线上或界内）。

⑨发球员发球时，应击中球。

（2）一旦运动员站好位置准备发球，发球员的球拍头第一次向前挥动，即为发球开始。

（3）一旦发球开始［规则4（2）］，发球员的球拍击中球或未能击中球，均为发球结束。

（4）发球员应在接发球员准备好后才能发球，如果接发球员已试图接发球，即被视为已做好准备。

（5）双打比赛发球时，发球员和接发球员的同伴应在各自的场区内。其站位不限，但不得阻挡对方发球员或接发球员的视线。

5. 单打

（1）发球区和接发球区。

①一局中，发球员的分数为0或双数时，双方运动员均应在各自的右发球区发球或接发球。

②一局中，发球员的分数为单数时，双方运动员均应在各自的左发球区发球或接发球。

（2）击球顺序和位置。一回合中，球应由发球员和接球员交替从各自所在场所一边的任何位置击出，直至成死球为止。

（3）得分和发球。

①发球员胜一回合［规则2（3）］则得一分。随后，发球员再从另一发球区发球。

②接发球员胜一回合［规则2（3）］则得一分。随后，接发球员成为新

发球员。

6．双打

（1）发球区和接发球区。

①一局中，发球方的分数为0或双数时，发球方均应从右发球区发球。

②一局中，发球方的分数为单数时，发球方均应从左发球区发球。

③接发球方上一回合最后一次发球的运动员应在原发球区接发球，他的同伴接发球的站位与其相反。

④接发球员应是站在发球员斜对角发球区的运动员。

⑤发球方每得一分后，原发球员则变换发球区再发球。

⑥除规则1（2）的情况外，发球都应从与发球方得分相对应的发球区发出。

（2）击球顺序和位置。

每一回合发球被回击后，由发球方的任何一人和接球方的任何一人，交替在各自场区的任何位置击球，如此往返直至死球。

（3）得分和发球。

①发球方胜一回合［规则2（3）］则得一分。随后发球员继续发球。

②接发球方胜一回合［规则2（3）］则得一分。随后接发球方成为新发球方。

（4）发球顺序。

每局比赛的发球权必须如下传递。

①首先是发球员，从右发球区发球。

②其次是首先接发球员的同伴，从左发球区发球。

③然后是首先发球员的同伴。

④接着是首先接发球员。

⑤再接着是首先发球员，如此传递。

（5）运动员在比赛中不得有发球、接发球顺序错误或在一局比赛中连续两次接发球［规则1（2）的情况除外］。

（6）一局胜方的任一运动员，可在下一局先发球；一局负方的任一运动员，可在下一局先接发球。

7．发球区错误

（1）以下情况为发球区错误。

①发球或接发球顺序错误。

② 在错误的发球区发球或接发球。

（2）如果发现发球区错误，应予以纠正，已得比分有效。

8. 违例

以下情况均属违例。

（1）不合法发球［规则9（1）］。

（2）发球时：

① 球挂在网上或停在网顶。

② 球过网后挂在网上。

③ 接发球员的同伴接到球或被球触及。

（3）比赛进行中，球：

① 落在场地界线外（即未落在界线上或界线内）。

② 从网孔或网下穿过。

③ 未从网上方越过。

④ 触及天花板或四周墙壁。

⑤ 触及运动员的身体或衣服。

⑥ 触及场地外的其他物体或人。

（关于比赛场馆的建筑结构问题，必要时，地方羽毛球竞赛承办机构可以制定羽毛球触及建筑物的临时规定，但其归属的世界羽联会员协会有否决权。）

⑦ 被击时停滞在球拍上，紧接着被拖带抛出。

⑧ 被同一运动员两次挥拍连续两次击中（但一次击球动作中，球被拍框和拍弦面击中，不属违例。）。

⑨ 被同方两名运动员连续击中。

⑩ 触及运动员球拍，而未飞向对方场区。

（4）比赛进行中，运动员：

① 球拍、身体或衣服，触及球网或球网的支撑物。

② 球拍或身体，从网上侵入对方场区（击球时，球拍与球的最初接触点在击球者网这一方，而后球拍随球过网的情况除外。）

③ 球拍或身体，从网下侵入对方场区，导致妨碍对方或分散对方的注意力。

④ 妨碍对方，即阻挡对方紧靠球网的合法击球。

⑤ 故意分散对方注意力的任何举动，如喊叫、故作姿态等。

9. 重发球

（1）由裁判员或运动员（未设裁判员时）宣报"重发球"，用以中断比赛。

（2）以下情况为"重发球"。

① 发球员在接发球员未做好准备时发球。

② 在发球过程中，发球员和接发球员都被判违例。

③ 发球被回击后，球停在网顶；球过网后挂在网上。

④ 比赛进行中，球托与球的其他部分完全分离。

⑤ 裁判员认为比赛被干扰或教练干扰了对方运动员的比赛。

⑥ 司线员未能看清，裁判员也不能做出裁决时。

⑦ 遇到不可预见的意外情况。

（3）"重发球"时，该次发球无效，原发球员重新发球。

10. 死球

以下情况为死球。

（1）球撞网或网柱后，开始向击球者网这方的地面落下。

（2）球触及地面。

（3）宣报了"违例"或"重发球"。

11. 比赛连续性、行为不端及处罚

（1）除规则11（3）允许的情况外，比赛自第一次发球开始至该场比赛结束应是连续的。

（2）间歇。

① 每局比赛，当一方先得11分时，允许有不超过60秒的间歇。

② 所有比赛中，每局之间允许有不超过120秒的间歇。

（有电视转播的比赛，裁判长可在该场比赛前决定变更11（2）规定的间歇时间。）

（3）比赛的暂停。

① 遇不是运动员所能控制的情况，裁判员可根据需要暂停比赛。

② 遇特殊情况，裁判长可要求裁判员暂停比赛。

③ 如果比赛暂停，已得比分有效，续赛时由该比分算起。

（4）延误比赛。

① 不允许运动员为恢复体力、喘息或接受指导而延误比赛。

② 裁判员是"延误比赛"的唯一裁决者。

（5）指导和离开场地。

① 在一场比赛中，死球时，允许运动员接受指导。

② 在一场比赛中，运动员未经裁判员允许不得离开场地［规则11（2）规定的间歇除外］。

（6）运动员不得有下列行为。

① 故意延误或中断比赛。

② 故意改变或损坏球，以此影响球的速度或飞行。

③ 举止无礼。

④ 规则未述的其他不端行为。

（7）对违犯者的处罚。

① 对违犯规则11（4）、11（5）或11（6）的运动员，裁判员应执行：警告。对已被警告过的一方判违例。同一方如违例两次则被视为"屡犯"。

② 对严重违犯、屡犯或违犯规则11（2）的一方判违例，并立即报告裁判长。裁判长有权取消其该场比赛资格。

12. 裁判职责和申诉受理

（1）裁判长对比赛全面负责。

（2）临场裁判员主持一场比赛，并管理该比赛场地及其紧邻的区域。裁判员对裁判长负责。

（3）发球裁判员负责宣判发球员的发球违例［规则9（1）］。

（4）司线员负责宣判球在其分管线的落点是"界内"或"界外"。

（5）临场裁判人员，对其所分管职责内事实的宣判是最后的裁决。当裁判员确认司线员明显错判时，应予以纠正。

（6）裁判员应：

① 维护和执行羽毛球比赛规则，及时宣判"违例"或"重发球"。

② 对在下一次发球前提出的申诉做出裁决。

③ 确保运动员和观众能随时了解比赛的进展情况。

④ 与裁判长磋商后指派或撤换司线员或发球裁判员。

⑤ 在临场裁判人员不足时，对无人执行的职责做出安排。

⑥ 在临场裁判人员视线被挡时，执行其职责或判"重发球"。

⑦ 仅将与规则有关的申诉提交裁判长。

（此类申诉必须在下次发球击出前提出；如果该场比赛结束，则应在申诉方离开场地前提出。）

13. 双打发球站位图解

双打比赛中，A和B对阵C和D，A和B挑边获胜选择发球，A发球给C。A为首先发球者，C为首先接发球者。

比赛情况	比分	发球区	发球员和接发球员	胜方
	0:0	C D / B A	从右发球区发球（因发球方的分数为双数）	A发球，C接发球（A和C为首先发球员和首先接发球员）	A和B
A和B得1分，A和B交换发球区，A从左发球区开始发球，C和D保持发球区不变	1:0	C D / A B	从左发球区发球（因发球方的分数为单数）	A发球，D接发球	C和D
C和D得1分，身换发球权，两人均不改变各自原发球区	1:1	C D / B A	从左发球区发球（因发球方的分数为单数）	D发球，A接发球	A和B
A和B得1分，身换发球权，两人均不改变各自原发球区	2:1	C B / D A	从右发球区发球（因发球方的分数为双数）	B发球，C接发球	C和D
C和D得1分，身换发球权，两人均不改变各自原发球区	2:2	C D / B A	从右发球区发球（因发球方的分数为双数）	C发球，B接发球	C和D
C和D得1分，C和D交换发球区，C从左发球区发球，A和B不改变各自原发球区	3:2	D C / B A	从左发球区发球（因发球方的分数为单数）	D发球，A接发球	A和B
A和B得1分，身换发球权，两人均不改变各自原发球区		D C / A B	从左发球区发球（因发球方的分数为单数）	A发球，C接发球	A和B
A和B得1分，A和B交换发球区		D C / A B	从右发球区发球（因发球方的分数为双数）	A发球，D接发球	C和D

注意以上的意思为：与单打时一样，发球员的发球区以发球方分数的单数或双数来决定。运动员只有在本方发球得分时才交换发球区。除此之外，运动员继续站在上一回合的原发球区不变，以此保证运动员间发球的交替。

第五章

羽毛球测试内容

一、测试内容与分值

1. 基本技术运用80分
2. 课堂参与情况20分

二、测试方法与评分标准

1. 基本技术运用

（1）内容与评分方法：测试技术分为正手发高远球、击后场高远球、后场吊球和网前搓球。每人每项技术连续做4次，取3次较好成绩之和。

（2）评分标准：正手发高远球，正手击后场高远球，后场吊球和网前搓球各20分（其中达标为15分，技术等级评分为5分）。

① 正手发高远球。站在离前发球线一米后在左或右半区发4个球，球落在G区得5分，F区得3分，落在其他的发球有效区得1.5分，球出界或不过网得0分。如图5-1所示。

② 正手击后场高远球。接球准备动作的站位在球场的正中间，在每次击球后都要回到该位置站位，达标标准与正手发高远球相同，但球的落点在左右半区均可。

③ 网前搓球。接球准备动作的站位在前发球线后，且每次搓球后要回到原位置。搓球过网弧度要控制在20公分以内。

④ 正手后场吊球。接球准备动作站位，在球场正中间，在每次击球后都要回到原位置站位。连续后场吊球4个，将球吊到前场A、B、C区得5分，落在D区得3分，落在D区以外的场得1.5分，落在场外或不过网得0分。吊球过网弧度要求控制在30公分以内。如图5-1所示。

2. 技术等级评分标准

（1）正手发高远球。

A.准备姿势合理，击球动作正确、协调，球落点准确，弧度合理。5~4.3分。

B.准备姿势合理，击球动作基本正确，球落点准确，弧度较好。4.2~3.8分。

C.准备姿势较合理，击球动作一般，弧度一般，落点较差。3.2~3分。

D.准备姿势不合理，击球动作僵硬，弧度低，难以完成动作。2.9~0分。

（2）正手击后场高远球。

A.准备姿势正确，移动步法合理，击球动作协调，弧度和落点好。5~4.3分。

B.准备姿势正确，移动步法合理，击球动作基本正确，弧度和落点较好。4.2~3.8分。

C.准备姿势正确，移动步法较合理，击球动作一般，弧度和落点较差。3.2~3分。

D.准备姿势正确，移动步法不合理，击球动作错误，难以完成动作。2.9~0分。

（3）网前搓球。

A.准备姿势正确，移动步法合理，手腕击球动作正确，球过网弧度较低，落点好。5~4.3分。

B.准备姿势正确，移动步法合理，手腕击球动作基本正确，球过网弧度较低，落点较好。4.2~3.8分。

C.准备姿势正确，移动步法较合理，手腕击球动作一般，球过网弧度较低，落点较差。3.2~3分。

D.移动步法不合理，手腕击球动作错误，球过网弧度太高。2.9~0分。

（4）正手后场吊球。

A.准备姿势正确，移动步法合理，手腕击球动作正确，球过网弧度较低，落点好。5~4.3分。

B.准备姿势正确，移动步法合理，手腕击球动作基本正确，球过网弧度较低，落点较好。4.2~3.8分。

C.准备姿势正确，移动步法较合理，手腕击球动作一般，球过网弧度较低,落点较差。3.2~3分。

D.准备姿势正确,移动步法不合理,手腕击球动作错误,球过网弧度太高。2.9~0分。

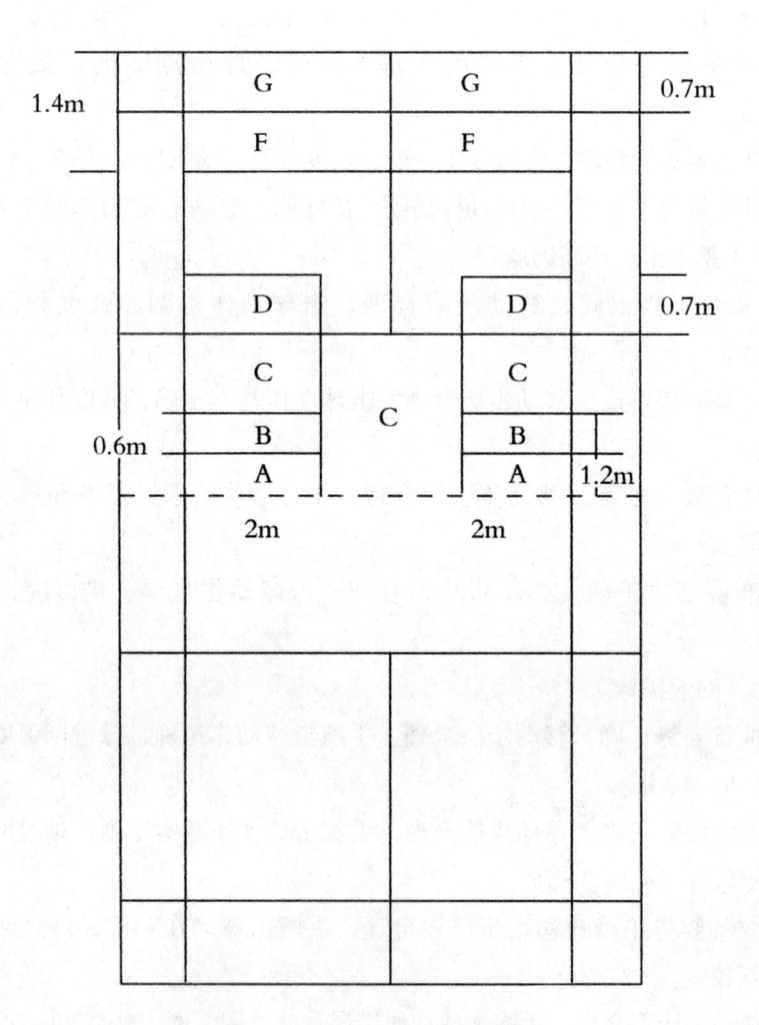

图5-1 羽毛球场区域划分

3. 课堂参与考核办法

(1)课堂内的学习态度、学习过程的表现。(10分)

(2)课堂外的努力结果在课堂内体现技术、技能的进步程度。(5分)

(3)考勤。(5分)缺课达五次以上(含五次)不能参加考试。每缺课一次扣3分。(无上限)